회의 · PT · 수업에서 모두 통하는 그림 자료 전략

실무에서 바로 쓰는
도해 만들기

가토 다쿠미 저 / 김진아 역

YoungJin.com Y.
영진닷컴

실무에서 바로 쓰는 도해 만들기

Discover

伝わる図解化
TSUTAWARU ZUKAIKA
Copyright © 2023 by Takumi Kato
Illustrations © 2023 by Daisuke Arai
Original Japanese edition published by Discover 21, Inc., Tokyo, Japan
Korean edition published by arrangement with Discover 21, Inc. through LEE & LEE FOREIGN RIGHTS AGENCY

Copyright © 2025 by Youngjin.com Inc.
B-10F, Gab-eul Great Valley, 32, Digital-ro 9-gil, Geumcheon-gu, Seoul, Republic of Korea.
이 책은 리앤리에이전시(Lee&Lee Foreign Rights Agency)를 통한 저작권자와의 독점계약으로 도서출판 영진닷컴에서 출간되었습니다. 저작권법에 의해 한국 내에서 보호를 받는 저작물이므로 무단전재와 복제를 금합니다.

ISBN 978-89-314-8104-4

독자님의 의견을 받습니다.
이 책을 구입한 독자님은 영진닷컴의 가장 중요한 비평가이자 조언가입니다. 저희 책의 장점과 문제점이 무엇인지, 어떤 책이 출판되기를 바라는지, 책을 더욱 알차게 꾸밀 수 있는 아이디어가 있으면 팩스나 이메일, 또는 우편으로 연락주시기 바랍니다. 의견을 주실 때에는 책 제목 및 독자님의 성함과 연락처(전화번호나 이메일)를 꼭 남겨 주시기 바랍니다. 독자님의 의견에 대해 바로 답변을 드리고, 또 독자님의 의견을 다음 책에 충분히 반영하도록 늘 노력하겠습니다.

주 소 : (우)08512 서울특별시 금천구 디지털로9길 32 갑을그레이트밸리 B동 10층 (주)영진닷컴
이메일 : support@youngjin.com

※ 파본이나 잘못된 도서는 구입처에서 교환 및 환불해드립니다.

STAFF
저자 가토 다쿠미 | **역자** 김진아 | **총괄** 김태경 | **진행** 윤지선 | **내지 디자인·편집** 곽은슬
영업 박준용, 임용수, 김도현, 이윤철 | **마케팅** 이승희, 김근주, 조민영, 김민지, 김진희, 이현아
제작 황장협 | **인쇄** 예림

정보 전달이 안 되는 이유는
당신이 만든
도해 때문일지도 모릅니다

구입자 특전

도해 작성에 도움이 되는 워크 시트를
아래 링크에서 다운로드할 수 있습니다.
출력해서 이용해 주세요.

다운로드 링크

http://bit.ly/4ozYRin

『실무에서 바로 쓰는 도해 만들기』 분해의 문법 워크 시트

What is this?

이 책 제3장에 등장하는 도해 작성 요령인 '분해의 문법'에 따라 정보를 도해로 만들기 위한 워크 시트입니다.

Step. 1

정리하기   문장 ➡ 조목별 쓰기
도해의 목적에 불필요한 요소나 관계를 버린다.

Step. 1-1
주제(=도해의 제목 후보가 될 표제)를 쓴다.

Step. 1-3
내용(도해하고 싶은 문장의 요점)을 조목별로 쓴다.

Step. 1-2
주장(=도해를 통해 전달하려는 것)을 단적으로 쓴다.

Step. 2

정돈하기   조목별 쓰기 ➡ 표
요소나 관계를 기준점으로 풀어 가다듬는다.

Step. 2-1
기준점의 후보를 나열하고, 이번에 사용할 기준점을 선택한다.

Step. 2-2
Step. 1-3에서 정리한 내용을 선택한 기준점을 사용해서 표로 만든다.

Step. 3

정돈하기   표 ➡ 도해
요소나 관계를 글자, 도형, 그림으로 변환한다.

Step. 3-1
도해의 형태를 이미지한다.

무엇이 어디에 있는지(비교)를 전달한다.
➡ 매트릭스, 맵핑, 그래프
어떤 식으로 보이는지(구조)를 전달한다.
➡ 오일러, 트리, 피라미드
무엇이 어떻게 기능하는지(순서)를 전달한다.
➡ 코릴레이션, 플로우, 사이클

Step. 3-2
도해 형태의 이미지를 기초로 도해 러프를 작성한다.

Step. 3-3
다음 리스트를 체크하면서 도해 러프를 더 깊이 살펴봅시다.

☐ Step. 1에서 정리한 테마, 주장에 맞춰 도해가 만들어져 있는가?
☐ 폰트 사이즈, 콘트라스트(점유율)는 충분한가?
☐ 게슈탈트 원칙에 반하지 않는 도형을 사용했는가?
☐ 자연스러운 시선 유도가 되는가?

☐ 도해가 아닌 그림을 사용하면 좋은 부분이 있는가?
☐ 색각 다양성을 고려해서 색을 사용했는가?
☐ 착시를 고려해서 도형을 사용했는가?
☐ 정보를 받아들이는 이의 멘털 모델에 다가갔는가?

내가 만든 자료 돌아보기

- ☐ 열심히 만들었지만 깔끔하지 못하다.

- ☐ 도해를 본 상대방의 반응이 그리 좋지 않다.

- ☐ 매번 똑같은 도해만 만든다.

- ☐ 도해가 상대방의 이해를 위한 것처럼 보이지 않는다.

- ☐ 전하고자 하는 정보가 충분히 전달되지 않는 것 같다.

- ☐ 도해가 그저 장식에 불과하다.

- ☐ 도해를 만들 때 필요한 정보가 누락된다.

- ☐ 도해가 '알아보기 쉽다'라는 말을 들어본 적이 없다.

- ☐ 도해가 오해나 혼란을 불러일으킬 때가 있다.

- ☐ 바로 이해되는 도해가 뭔지 사실 잘 모르겠다.

>>>

하나라도 해당한다면

쉽게 이해할 수 있도록 만든 도해가
오히려 상대방의 이해를 방해하고 있을지도 모릅니다.
중요한 정보가 빠져 있을지도 모르지요.

그 이전에 당신이 만든 도해가
당신을 혼란스럽게 하고 있을지도 모릅니다.

도해를 만들 때는 센스가 중요하다.
나한테는 센스가 없어서 힘들다.
그렇게 생각하시는 분도 있을 겁니다.

도해의 좋고 나쁨을 가르는 중요한 점은
센스가 아닙니다. 바로 논리입니다.
즉, 누구나 기본과 규칙만 잘 지킨다면
단번에 이해되는 도해를 만들 수 있지요.

이 책은 쉽게 이해되는 도해가 어떤 것인지,
그것을 만드는 사고 과정을
하나씩 풀어나가면서 소개합니다.

이 책을 읽으면 분명 당신도 한 번에
머릿속에 딱 꽂히는 도해를 만들 수 있게 됩니다!

시작하면서

왜 정보 전달이 잘되지 않는 것일까?
상대방에게 내 생각을 잘 전달하려면 어떻게 하면 좋을까?

'이해하기 쉽게 정보를 잘 전달하려면 도해를 사용하는 게 좋다'라며 바로 쓸 만한 프레임 워크나 툴, Tip 등을 정리한 책부터 찾지 않나요? 그런 종류의 책은 시중에 차고 넘칩니다. 그렇지만 실무에서는 활용할 수 없다는 후기도 적지 않지요.

그 이유는 무엇일까요?

그건 바로 너무 테크닉에만 치우쳐 본질을 이해하지 못하고 있어서입니다. 어떤 프레임 워크를 쓰는 게 좋을지, 어떤 방식이 적합한지에 관한 선택 기준이 당신에게 자리잡혀 있지 않기 때문이지요. 상대방에게 있어 '이해하기 쉽다'라는 것이 무엇인지 생각해 본 적이 있나요? 무엇보다 '알기 쉬운 도해'의 본질을 깨닫는 것이야말로 전달 능력을 극적으로 끌어올리는 데 가장 우선시되어야 할 점입니다.

이 책은 지금까지 출간된 도해나 디자인 관련 책과 비교하면 크게 두 가지 차이점이 있습니다.

첫 번째, 이 책은 주로 직장인을 위해 기술되어 있다는 점입니다.

도해는 모양 때문에 디자인 표현 기술 중 하나라고 인식될 때가 있습니다. 그러나 이 책에서는 도해는 어디까지나 사고를 시각화하는 도구로 보고, 직종을 따지지 않고 쓸 수 있는 내용을 넣어 구성했습니다.

'내 아이디어를 전달하고 싶다.'
'함께 자기 아이디어를 내놓고 논의하고 싶다.'
'정돈된 자료를 만들고 싶다.'
'상대방이 되묻는 일이 없게끔 정보를 정리하고 싶다.'
'상사처럼 머릿속에 쏙쏙 들어오는 자료를 만들고 싶다.'
'어린아이도 이해할 수 있도록 설명하고 싶다.'
'가치관의 차이를 해소하고 싶다.'

만약 자신의 의견이나 생각을 상대방에게 올바르게 전하는 형태로, 종이와 자료에 이를 표현하는 능력이 생기면 얼마나 의사소통이 원활해질까요. 회사에서도, 사생활에서도 그 효과는 말할 것도 없을 겁니다.

도해는 자기 생각을 표현하기 위한 강력한 도구입니다. 이 책에서는 도해에 관해 근본부터 자세히 설명함으로써 일상적인 도해 사용을 하는 것에 목표를 두고 있습니다.

두 번째, 이 책은 도해의 How가 아니라 Why와 What을 중점적으로 썼다는 점입니다.

디자인이나 도해 책은 예를 들자면 '색을 적게 쓰는 것이 더 세련되어 보인다'처럼 '어떻게 하면 좋게 보이는지' 다시 말해서 How에 관해 쓴 것들이 많이 나와 있습니다. 그러나 이러한 책을 읽고 따라 해도 잘되지 않지요. '역시 나한테는 센스가 없나 봐' 하고 실망할 뿐입니다.

그렇지만 자료가 깔끔하게 정리되지 못하는 이유는 당신의 센스가 없어서가 아닙니다. '왜 색을 적게 쓰는 것이 세련되어 보이는가'라는 Why나 '어떤 기준으로 색의 수를 적게 해야 하는가'라는 What을 배우지 않고 바로 How라는 테크닉만 배우고 있기 때문입니다. 본질을 파악하지 않고 테크닉만 따라 해봤자 배울 수 있는 건 아무것도 없습니다.

그래서 이 책은 '왜 도해로 만드는가' '도해의 무엇이 좋은가' '도해란 정확히 무엇인가' '도해의 요소는 무엇일까' 등의 Why와 What에 중점을 두어 설명했습니다. 또한 도해 만드는 법 같은 How에 대해서도 세세한 테크닉이 아니라 제작의 근본적인 흐름이나 보편적인 판단 기준, 정석적인 형태 등 범용성이 높은 내용에 초점을 맞췄습니다.

그렇지만 추상적인 이야기만 하고 끝내면 실제로 도해를 어떻게 만들면 좋을지 알기 어려울 것입니다. 그래서 본문이 시작하기 전, 감을 잡기 위해 제일 친근하게 느껴질 수 있는 '지도' 만들기를 예로 설명하고자 합니다. 지도도 엄연한 '도해'입니다. 알기 쉬운 도해를 만드는 데는 순서와 요령이 있습니다. 그럼, 지금 바로 살펴봅시다.

'알기 쉬운 도해' 만드는 법 대공개

본문에서 자세히 설명하겠지만, 도해는 기본적으로 3단계로 만듭니다. 그 3단계란 '정리' '정돈' '도화(圖化)'입니다. '정리'란 정보에서 불필요한 것을 버리는 것, '정돈'이란 정보의 요소나 관계의 기준점을 가다듬는 것입니다. '도화'는 정보를 도해의 형식으로 바꾸는 것입니다.

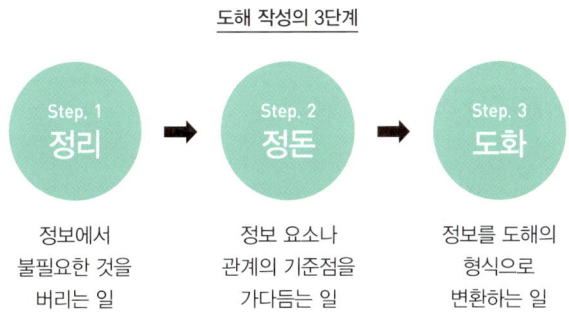

예를 들어, 초등학생 아이에게 인근 역에서 집까지 가는 길을 알려준다고 가정해 봅시다. 스마트폰 지도 앱 등으로 안내할 수도 있겠지만, 알기 쉽게 설명하기 위해 지도 앱에 뜨는 사진을 간결한 도해로 바꿔봅시다.

● Step. 1 정리

　Step. 1 '정리'에서는 원래 지도[1]에서 불필요한 정보를 버리고 필요한 정보만을 남겨야 합니다. 무엇을 남겨야 할지, 버려야 할지는 목적과 우선순위에 따라 달라집니다. 이번의 경우, 지도를 도해하는 목적은 '초등학생이 인근 역에서 자기 집까지 갈 수 있게 하는 것'입니다. 남겨야 할 중요한 정보는 출발지(인근 역)와 목적지(자기 집), 지나가야 할 길, 그리고 길을 알아볼 표식이 되는 건물입니다. 반대로 버려야 할 불필요한 정보는 지나가야 할 길과 관계없는 길과 건물 등이지요.

　여기서 생각해야 할 점이 있습니다. 바로 우선순위입니다. 출발지에서 목적지까지 가는 길을 알아보기 쉽게 할 것을 우선시할지, 안전성을 우선시할지, 시간 단축을 우선시할지, 혹은 이러한 균형을 잡을지에 따라 고르는 길은 달라질 수 있어요.

　우선순위가 달라지면 남겨야 할 정보와 버려야 할 정보가 달라집니다. 구체적으로 어떤 길이 있는지 그 후보를 살펴봅시다. 우선 출발지를 Start의 이니셜 'S'로, 목적지를 Goal의 이니셜 'G'로 표시합니다.

1　(편집자 주) 가상의 한국식 지명으로 재구성

그러면 S부터 G까지 가는 길의 후보는 크게 세 곳이 있음을 알 수 있습니다.

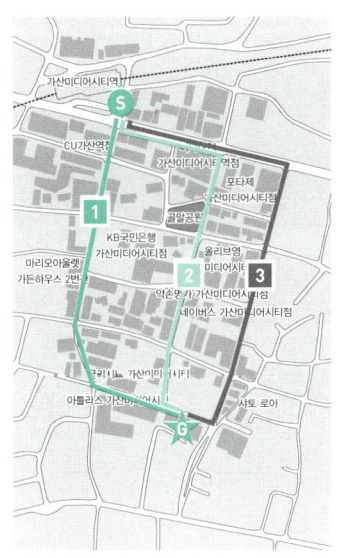

각각의 길이 어떤 길인지 적어봅시다.

▶ 1번 길

지나가는 길에 보도가 있어 안전하고 빨리 도착할 수 있지만, 꺾어야 할 장소에 표식이 될 만한 건물이 없고, 네거리도 아니어서 착각하기 쉽다.

▶ 2번 길

보도가 있는 건 큰길뿐이다. 보도가 없는 길은 폭이 넓고 비교적 안전하다. 길을 3번 꺾어야 하지만 표식이 되는 건물이 있다.

▶ 3번 길

보도가 있는 건 큰길뿐이다. 보도가 없는 길의 폭은 좁고 지나치는 차와의 거리도 가깝다. 세 번 길을 꺾어야 하지만 표식이 되는 건물이 있다. 1, 2와 비교해 시간이 걸린다.

지금 상대는 초등학생이기 때문에 길을 꺾는 횟수가 많아도 표식이 되는 건물이 있고, 동시에 비교적 안전한 2번 길을 고르도록 합니다.

지나갈 길을 고르면 '2번 길을 지나 역에서부터 집까지 도착한다'라는 목적에 대해 불필요한 정보를 버리고, 중요한 정보만 남겨야(=정리하기) 한다는 점에 주목합니다.

출발지인 역과 목적지인 집은 남겨야 할 중요한 정보입니다. 지나가는 길은 물론이고, 가는 길에 교차하는 길도 '몇 번째에서 길을 꺾으면 되는지'에 관한 지표가 되므로 중요한 정보가 되지요. 2번 길에서 길을 꺾는 곳에 있는 건물이나 길가의 표식이 될 만한 장소도 중요한 정보라고 할 수 있습니다. 또한 만약 길을 잘못 들었을 때를 위해 실수를 알아챌 수 있을 만한 건물이나 표시도 남겨둔 만한 정보가 될 수 있지요. 중요한 정보나 남겨두기로 한 땅을 사각형으로, 길은 점선으로 표시하면 다음과 같습니다.

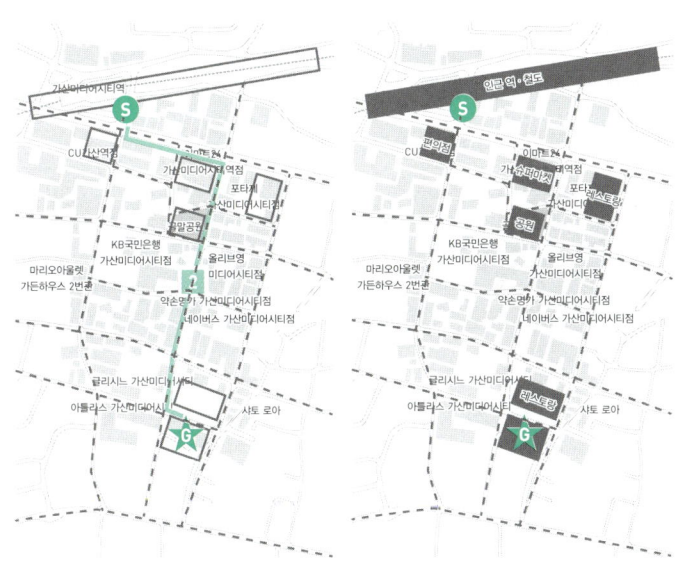

여기까지 Step. 1의 정리가 끝났습니다.

● Step. 2 정돈

　Step. 2의 '정돈'에서는 Step. 1에서 정리한 정보가 가진 요소와 관계를 생각해서 정보의 기준점을 가다듬습니다. 정보가 가진 요소와 관계란 무엇일까요?

　정보가 가진 요소(Element)란, 예를 들어 이번 지도의 경우에는 인근 역과 자기 집, 편의점 등 '지도에 실제로 그려져 있는 것'을 가리킵니다. 또한 역이나 편의점은 '건물'이지만 공원은 '건물'이 아닙니다. 공원은 '공터'지요. 이처럼 요소에는 개별적인 특성이 있고 이를 속성(Attribute)이라고 부릅니다.

　정보의 관계(Relationship)란, '요소끼리의 관련성이나 연결'을 일컫습니다. 지도에서는 '인근 역은 우리 집에서 북쪽에 있다'라는 방향(동서남북)이 관계로써 사용되고 있지요.

　그럼 속성과 요소, 관계를 도출해서 기준점을 가다듬어 봅시다. 우선 지도에 등장하는 요소를 속성으로 나누어 정돈합니다. 지도에 등장하는 요소는 우선 땅 혹은 길이라는 두 가지의 큰 속성으로 나눌 수 있어요. 거기서 땅은 건물이나 공터로 나뉘고, 길은 2차선 도로 이상 혹은 1차선 도로로 나눕니다.

<u>속성으로 요소의 기준점을 가다듬은 결과</u>

땅		길
건물	**공터**	2차선 이상의 도로
인근 역	공원	1차선 도로
우리 집	주차장	
편의점		
슈퍼마켓		
레스토랑		

다음은 지도에 등장하는 정보 관계를 정돈해 보겠습니다. 일반적으로 지도는 방향(동서남북)이라는 관계에 따라 위가 북쪽, 아래가 남쪽, 왼쪽이 서쪽, 오른쪽이 동쪽으로 정돈됩니다. 그러나 이번에는 역에서 집을 향해 가야 하는 상황이므로 역을 나왔을 때 향하는 방향을 지도 위쪽으로 두는 편이 이 지도를 볼 초등학생도 알기 쉬울 것입니다.

그러므로 지도의 상하좌우는 '방향(동서남북)의 북쪽이 위'가 아니라 '역을 나왔을 때 향하는 방향이 위'라는 관계로 정돈해 봅시다. 즉, 아까의 지도를 180도 회전하는 거예요.

이렇게 정돈함으로써 이해하기 쉬운 지도에 한 걸음 더 가까이 다가갔습니다. 여기까지 Step. 2의 정돈이 끝납니다.

● Step. 3 도화

Step. 3의 '도화'에서는 Step. 1의 '정리'로 남겨둔 중요한 정보를 Step. 2의 '정돈'으로 가다듬은 기준점에 따라 도해로 만듭니다. 출발지(인근 역), 목적지(우리 집), 지나가는 길을 명확히 구분할 수 있도록 문자나 화살표, 도형이나 색으로 구분해서 도해에 반영하는 거예요.

이번에는 다음과 같이 구별했습니다.

	땅	길

건물
인근 역
→ 진한 회색 사각형
우리 집
→ 진한 회색 사각형
편의점
→ 검은색 사각형
슈퍼마켓
→ 검은색 사각형
레스토랑
→ 검은색 사각형

공터
공원
→ 회색 다각형+검은 글자
주차장
→ 회색 다각형+검은 글자

2차선 이상의 도로
→ 굵은 회색 선
1차선 도로
→ 가느다란 회색 선
지나가는 길
→ 색이 들어간 화살표

다음은 '정리' '정돈' '도화'의 세 단계에 따라 완성한 도해입니다.

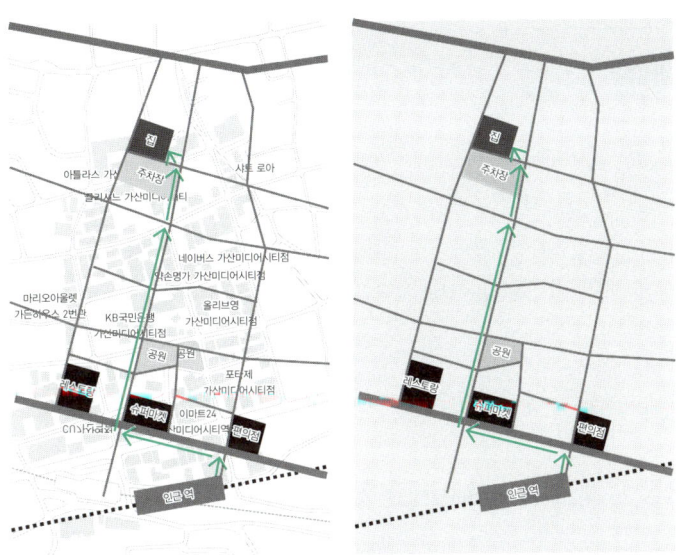

 '초등학생이 인근 역에서 자기 집까지 갈 수 있게 하기 위한' 목적에 대해 중요 정보 이외는 버리고(정리), 정보의 요소와 관계의 기준점을 가다듬고(정돈), 문자와 도형으로 변환(도화)했습니다. 이렇게 만든 지도라면 길을 잃지 않고 집까지 잘 도착할 수 있을 거예요.

 이처럼 도해 만들기에는 요령이 있습니다. 이 책에서는 만드는 법이라는 How에, 그 배경에 있는 도해의 Why와 What을 꼼꼼하게 해설하므로 알기 쉬운 도해를 만드는 힘을 기초부터 기를 수 있답니다. 도해의 Why, What, How라는 하나의 축을 통해 배움으로써 도해의 기초를 체계적으로 이해할 계기를 얻을 수 있다면 좋겠습니다.

이 책의 구성

필요한 부분부터 읽어도 괜찮지만, 구체적인 How를 알고 싶다면 제3장 혹은 제4장부터, 기본부터 이해하고자 한다면 제1장부터 순서대로 읽기를 추천합니다. 그렇게 하면 여러분의 도해 실력은 기초부터 탄탄하게 자리를 잡게 될 거예요. 이 책은 다음과 같이 구성되어 있습니다.

● 제1장 도해의 Why&What ① '도'와 '도해'를 구분한다

우리 주변에는 '도(圖)'가 넘치고 있는데, 직접적으로 의미를 파악할 수 있는 '알아보기 쉬운 도'도 있는가 하면 무슨 뜻인지 알 수 없는 '파악하기 어려운 도'도 있습니다. 또한 도 말고도 '도해'라는 말도 사용되고 있지요. 제1장에서는 우선 '도'와 '도해'의 차이를 목적(Why), 요소(What), 방법(How)이라는 세 개의 관점에서 정리 정돈하여 명확히 한 후, '도해'의 정의에 대해 설명하겠습니다. 이 장을 읽으면 도해의 전체상을 이해할 수 있게 됩니다.

● 제2장 도해의 Why&What ② '알기 쉬운 도해'를 정의한다

제1장에서 설명한 도와 도해의 두 가지 차이 중, 첫 번째 '도해에는 상대를 이해시키는 데 목적이 있다'에 대해 자세히 설명합니다. 이해란 무엇인가부터 시작해서 안다는 것은 무엇인지, 알기 쉬운 것은 무엇인지 등의 주제를 구체적 사례와 함께 고찰해 나가고, '좋은 도해'의 정의와 도해의 본질을 살펴봅니다. 그렇게 하면 자신이 만드는 도해만이 아니라 다른 도해를 봤을 때도 그게 좋은 도해인지, 그렇지 않다면 어떤 이유에서 좋지 않은지를 설명할 수 있게 될 거예요.

● 제3장 도해의 How ① 도해화를 위한 사고 과정: '도해의 문법'과 '도해 작성의 3단계'

제1장에서 설명한 도와 도해의 두 가지 차이 중, 두 번째 '도해는 분해의 문법에 따라 만든다'에 대해 자세히 설명합니다. 분해의 문법에는 세 가지 순서와 두 가지 기준이 있는데, 전반부에서는 세 가지 순서 '도해 작성의 3단계'를 하나씩 자세히 살펴봅니다. 후반부에서는 2가지 기준 '눈에 따른다'와 '뇌를 따른다'에 대해 구체적 사례와 함께 설명합니다. 앞으로 실제적인 도해를 만들고자 하는 사람에게는 이 장이 참고가 될 것입니다. 또한 이미 자신만의 방식으로 도해를 만드는 사람도 도해 제작의 전체상을 이해함으로써 자신의 방식을 되돌아보거나 정리할 기회가 생길 거예요.

● 제4장 도해의 How ② 도해화를 위한 기본 형태: '도해 프레임 워크 9'

우리 주변에 있는 도해의 90퍼센트는 아홉 개의 '도해 프레임 워크'의 조합으로 표현되어 있습니다. 제4장에서는 아홉 개의 도해 프레임 워크 구조를 도해의 정의와 대조해 봄으로써 관계성을 이해하고, 도해를 만드는 의도에 맞는 형태를 고르는 것에 목표를 둡니다. 또한 아홉 개의 형태와 관련하여, 형태의 개요나 사용할 때의 특징이나 주의점 등을 간단히 설명합니다. 이 장에서 아홉 개의 형태에 대해 배우면 주변에 있는 도해가 어떤 형태로 조합되어 있는지 분류할 수 있게 되고, 어느 부분을 어떻게 해야 더 좋은 도해가 될지 알 수 있게 될 거예요.

목차

구입자 특전	004
내가 만든 자료 돌아보기	006
시작하면서	008

제1장

도해의 Why&What ①
'도'와 '도해'를 구분하기

우리 주변에는 도가 넘쳐나고 있다	028
무엇이 도이고, 무엇이 도해인가?	031
도와 도해의 차이는?	035
도와 도해의 차이 정의하기	041
도와 도해의 차이 ① 목적 : 왜 만드는가? (Why)	042
도와 도해의 차이 ② 요소 : 무엇을 사용하여 만드는가? (What)	052
세 가지 요소 ① 글자	052
세 가지 요소 ② 도형	055
세 가지 요소 ③ 그림	069
도와 도해의 차이 ③ 방법 : 어떻게 만드는가? (How)	073
도해의 정의	075
도해 정의의 가치	080

제2장

도해의 Why&What ②
'알기 쉬운 도해'를 정의하다

도해의 핵심은 분해의 문법에 있다	084
알기 쉬움은 나누기 쉽다는 뜻이다	088
나누기 쉬움은 차이를 두기 쉽다는 뜻이다	093
나누기 쉽도록 정보를 분해한다	095
정보 나누는 법에는 문법이 있다	097
[보강] '안다'와 '이해하다'의 차이	098

제3장

도해의 HOW ①
도해화를 위한 사고 과정

알기 쉬운 도해의 축, '분해의 문법'이란?	102
세상은 요소와 관계로 이루어져 있다	103
도해 작성을 위한 세 가지 순서: '정리' '정돈' '도화'	109
정리와 정돈의 차이	110
Step 1 : 정리	114
Step 2 : 정돈	121
Step 3 : 도화	127
도해 작성을 위한 두 가지 기준	137
기준 1 : 눈을 따른다	139
'눈을 따른다' 기준의 예 ① : 폰트 사이즈	140
'눈을 따른다' 기준의 예 ② : 콘트라스트(대비)	141
'눈을 따른다' 기준의 예 ③ : 색각 다양성	143
기준 2 : 뇌를 따른다	144
'뇌를 따른다' 기준의 예 ① : 콘트라스트(대비)	145
'뇌를 따른다' 기준의 예 ② : 게슈탈트	146
'뇌를 따른다' 기준의 예 ③ : 착시	149
'뇌를 따른다' 기준의 예 ④ : 시선 유도	152
'뇌를 따른다' 기준의 예 ⑤ : 멘털 모델	155

제4장
도해의 HOW ②
도해화를 위한 기본 형태

도해를 다스리는 아홉 개의 프레임 워크	162
도해 프레임 워크 9	163
① 매트릭스(Matrix) | 정보의 요소를 비교한다	166
② 맵핑(Mapping) | 정보의 요소를 비교한다	169
③ 그래프(Graph) | 정보의 요소를 비교한다	172
④ 오일러(Euler) | 정보의 관계를 구조화한다	176
⑤ 트리(Tree) | 정보의 관계를 구조화한다	179
⑥ 피라미드(Pyramid) | 정보의 관계를 구조화한다	182
⑦ 코릴레이션(Correlation) | 정보의 관계를 순서화한다	185
⑧ 플로우(Flow) | 정보의 관계를 순서화한다	188
⑨ 사이클(Cycle) | 정보의 관계를 순서화한다	191
'도해 프레임 워크 9'는 모두 '매트릭스'로 변환할 수 있다	194
'도해 프레임 워크 9' 이외 형태의 대표 사례	196
마치면서 : 알기 쉬운 것의 가치와 폐해	199
부록 : 도해란 무엇인가?	203

제 1 장
도해의 Why&What

'도'와 '도해'를 구분하기
도와 도해의 차이, 도해의 정의

도와 도해의 차이를 설명할 수 있나요?
이 장에서는 두 가지의 차이점을 명확히 하면서,
도해의 정의를 살펴봅니다.
'Why(목적)' 'What(요소)' 'How(방법)'의
세 가지 시점에서 분석합니다.

도해로 만든 제1장의 개요

'도'와 '도해'의 차이, 도해의 정의

	도 Figures	도해 Diagram
목적 Why	있을 때도 있고, 없을 때도 있다	'이해시킨다(=풀어 제시한다)'라는 목적이 있다
요소 What	글자, 도형, 그림	글자, 도형, 그림
방법 How	특별히 없음	'분해(Dia)의 문법(gram)'을 따라 만든다

도해란?

- **Why** 누군가를 빠르고, 심도 있고, 정확하게 이해시키도록
- **What** 그림, 도형, 그림을 이용해서
- **How** 분해의 문법에 따라 만든 도를 의미한다.

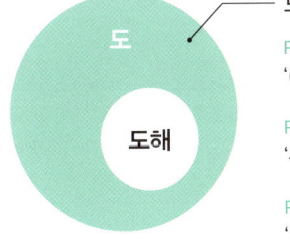

'도에 해당하지만 도해는 아닌' 세 가지 패턴

Pattern. 1
'이해시키기 위해' 만들지 않았다

Pattern. 2
'문해의 문법'에 따라 만들지 않았다

Pattern. 3
'이해'를 촉진하지 않는다

우리 주변에는 도가 넘쳐나고 있다

백화점의 층 안내도, 도로 표지판, 지도, 가구 조립 설명서, 쓰레기 분류표, 프레젠테이션 자료….

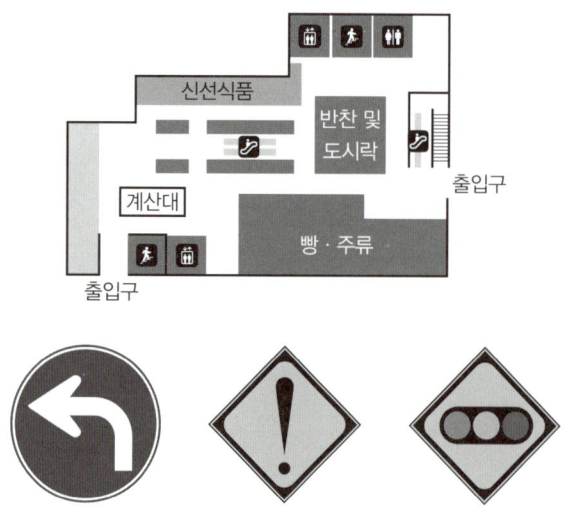

간편한 생활 쓰레기 분리배출 방법[1]

우리의 일상에는 여러 가지 도가 넘쳐나고 있으며, '도를 보지 않는 날은 없다'라고 해도 과언이 아닙니다. 그러니 우리 주변에 있는 도에도 의미를 바로 알아차릴 수 있는 '알기 쉬운 도'가 있기도 하고, 전혀 의미를 이해할 수 없는 '알아보기 어려운 도'도 있어요.

---

1 출처: 제주특별자치도 서귀포시 홈페이지 http://bit.ly/3UTtYaO

'알기 쉬운 도'는 물건의 조작 방법을 직감적으로 알 수 있게 해주고, 복잡하게 보이는 것도 전체상이 깔끔하게 보이게 하는 등 우리의 이해 시간을 크게 줄여줍니다. 반대로 '알아보기 어려운 도'는 조작 방법이나 전체상을 파악하기 어렵거나, 오히려 도 때문에 혼란스럽고 의미를 착각하게 되기도 하지요.

그럼 '알기 쉬운 도'와 '알아보기 어려운 도'의 차이는 무엇일까요? 또한 비슷하지만 서로 다른 의미를 가진 도와 도해의 차이는 무엇일까요? 그리고 어떻게 하면 알기 쉬운 도와 도해를 만들 수 있을까요?

제1장에서는 우선 도와 도해의 차이부터 생각해 보면서, 도해란 어떤 것인지 무엇이 여기에 해당하는지 살펴보도록 합니다.

무엇이 도이고, 무엇이 도해인가?

그럼 퀴즈를 하나 내겠습니다. 다음 ①~⑥까지의 그림을 도와 도해로 분류한다면, 어떤 것이 도이고 어떤 것이 도해일까요?

① 커튼 무늬
② 자료 슬라이드 도판
③ 백화점 층 안내도
④ 웹페이지 디자인
⑤ 카펫 무늬
⑥ 악보

무엇이 '도'이고, 무엇이 '도해'일까?

① 커튼 무늬

② 자료 슬라이드 도판[2]

③ 백화점 층 안내도

④ 웹페이지 디자인

⑤ 카펫 무늬

⑥ 악보

---

2 출처 : 일본, 후생노동성 「의료·간병 제도 개혁에 관하여」

직감적으로도 ① 커튼 무늬나 ⑤ 카펫 무늬는 도, ② 자료 슬라이드 도판이나 ③ 백화점 층 안내도는 도해로 분류하지 않았을까요?

그러나 ④ 웹페이지 디자인이나 ⑥ 악보는 도인지 도해일지 망설이는 사람도 많을 것 같습니다. 아마 ④ 웹페이지 디자인은 도해로, ⑥ 악보는 도로 분류하는 사람이 많지 않을까요?

직감적인 도와 도해 분류법

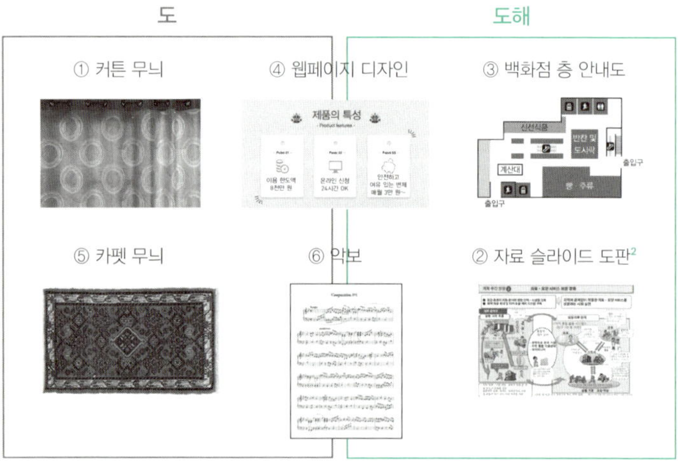

도		도해
① 커튼 무늬	④ 웹페이지 디자인	③ 백화점 층 안내도
⑤ 카펫 무늬	⑥ 악보	② 자료 슬라이드 도판[2]

---

[2] 출처 : 일본. 후생노동성 「의료·간병 제도 개혁에 관하여」

이제 답을 알려드리겠습니다.

이 책에서는 ④ 웹페이지 디자인을 도, ⑥ 악보를 도해로 분류합니다. 그뿐만 아니라 ② 자료 슬라이드 도판도 도로 봅니다.

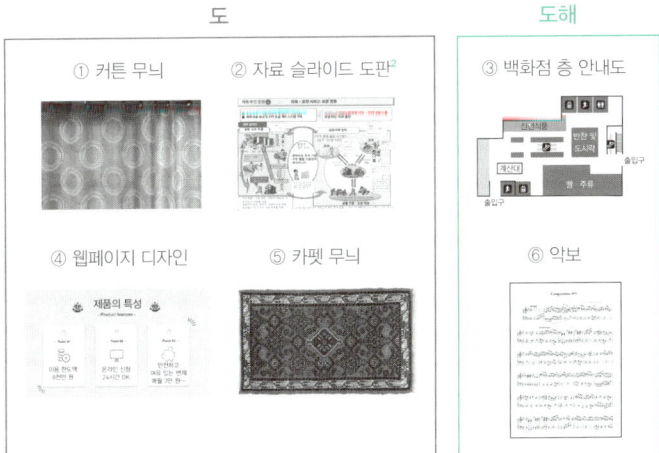

왜 슬라이드가 도이고, 악보가 도해에 해당하는지 의문을 느낄 수도 있겠지만, 일단 지금은 그 궁금증을 넘기고 다른 질문을 해보겠습니다.

---

2   출처 : 일본. 후생노동성 「의료 · 간병 제도 개혁에 관하여」

사진 속 ②와 ③을 비교했을 때, 어느 쪽이 더 빠르고 정확하게 내용을 이해할 수 있나요? 그리고 그 이유는 무엇인가요?

어느 쪽이 더 빠르고 정확하게 내용 이해를 할 수 있을까? 그 이유는?

② 자료 슬라이드 도판[2] ③ 백화점 층 안내도

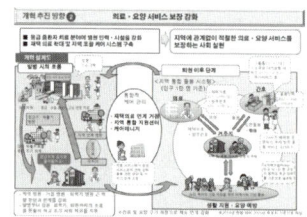 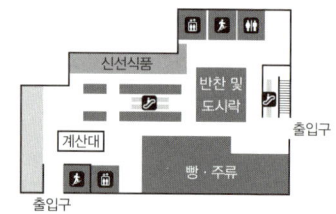

전자의 질문에 대해서는 다들 ③이라고 대답할 것입니다. 그러나 그 이유에 대해서는 바로 대답하기 어려울지도 몰라요. 즉, 이 이유야말로 이 책에서의 도와 도해의 정의와 연관이 있습니다.

이 책을 읽으면서 도와 도해의 차이를 이해한다면, 분명 '정말로 이렇게 분류하는 편이 깔끔하다'라고 느끼게 될 거예요. 그럼 도와 도해의 차이를 순서대로 살펴보도록 합시다.

---

2 출처 : 일본, 후생노동성 「의료·간병 제도 개혁에 관하여」

도와 도해의 차이는?

당신은 평소에 '도'와 '도해'라는 두 가지 단어를 의식해서 사용하고 있나요? 아마 이를 의식해서 쓰는 사람은 거의 없을 거예요. 다들 무의식적으로 쓰고 있을 것입니다. 또한 새삼 도와 도해에 대해 생각해 봐도 그 차이는 모르겠지만, 그저 뉘앙스로 서로 다름을 느낄 뿐이지 설명하기는 어렵다고 느끼는 사람도 적지 않을 듯합니다.

일본의 디지털 다이지센(大辞泉) 사전[3]에서 도라는 단어를 찾아보면, 다음과 같이 뜻이 나옵니다.

▶ **도【図】**[4]
① 사물의 형상이나 형태를 그린 것. 그림, 지도, 도면 등.
　괘도(掛け図), 겨냥도(見取り図)
② 점, 선, 면이 모여 하나의 형태를 구성하는 것. 도형.
③ 모양새. 광경.
　꼴불견이다(見られた図ではない)
④ 뜻대로. 예기한 바.
　계략을 빗나가게(謀の図を外させ) ≪조루리(일본의 가면 음악극). 야구치노와타시≫
⑤ 고안. 계획.
　무엇이든지 새로운 것을 좋게 여기고, 지금껏 없던 것을 고안하니(何にてもあたらしい思ひつき、今迄ない図を案ずるに) ≪우키요조시(에도 시대 소설)・하이도쿠산・1≫
⑥ 십이율의 각 음계의 바름 음조를 나타낸 것.
　이 절의 아익은 음조를 잘 맞추어서(当寺の楽は、よく図を調合はせて) ≪쓰레즈레구사(일본 수필 문학)・220≫

3　쇼가쿠칸에서 발행하는 중형 국어사전. 이후로는 '사전'이라고만 지칭
4　우리나라 한자로는 圖라고 쓴다.

이처럼 도라는 말에는 몇 가지 의미가 있습니다.

①의 '사물의 형상이나 형태를 그린 것. 그림, 지도, 도면 등'은 아마도 '도'라는 말을 듣고 제일 먼저 떠올리는 것이 아닐까 싶은데요. 앞서 소개했던 백화점의 층 안내도도 ①의 의미에 해당하는 것입니다.

②의 '점, 선, 면이 모여 하나의 형태를 구성하는 것. 도형'은 어떨까요? 이는 삼각형이나 사각형, 원 등을 가리키는 뜻입니다. 이것도 도라고 했을 때 제일 먼저 생각나는 것일지도 모르고, 도가 아니라 '도형'으로 생각하는 사람도 있을 것입니다.

③부터는 현대 생활 속에서 거의 쓸 일이 없을 것 같습니다. ③의 '모양새. 광경'은 ①나 ②의 의미보다 좀 더 추상적이긴 하지만, 어느 정도 가까운 의미처럼 보이기도 합니다.

④의 '뜻대로. 예기한 바'나 ⑤의 '고안. 계획'은 더욱 추상적이며, 지도나 도형이라는 의미와 연관 짓기가 힘든 편이지요.

그리고 ⑥의 '십이율의 각 음계의 바른 음조를 나타낸 것'이라는 뜻은 더더욱 그렇습니다. 현대에서 도라는 말을 썼을 때 이 의미로 쓰는 사람은 거의 없지 않을까요?

여기까지 정리해 보자면, 도에는 여섯 가지의 의미가 있으나 그중에서 우리가 평소 쓰는 의미는 ①의 '사물의 형상이나 형태를 그린 것'과 ②의 '점, 선, 면이 모여 하나의 형태를 구성하는 것', 이 두 가지입니다. 또한 굳이 하나의 의미로 좁혀서 보자면 '도'의 중심적인 의미는 '사물의 형상이나 형태를 그린 것'이고, '점, 선, 면이 모여 하나의 형태를 구성하는 것'은 도형이라는 단어로 분류할 수 있을 것입니다.

다음으로 도와 도형의 차이를 영어로 표현해 봅시다. 이 경우, 도형(점, 선, 면이 모여 하나의 형태를 구성하는 것)은 'Figure'라고 하고, 도(사물의 형상이나 형태를 그린 것)는 'Figures'라 볼 수 있어요.

도형은 '하나의 형태를 구성하는 것'이라는 정의이므로 단수형으로 Figure에 해당합니다. 도는 '사물의 형상이나 형태를 그린 것'이라는 정의를 가지며, 도형이 하나 이상 모여 있으므로 복수형으로 Figures에 해당하지요.

도와 도형의 차이

도
(Figures)

도형
(Figure)

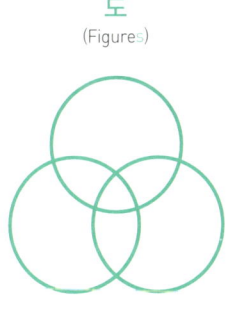

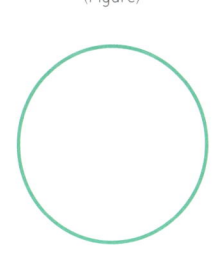

사물의 형상이나
형태를 그린 것

점, 선, 면이 모여
하나의 형태를 구성하는 것

'Figure'의 뜻을 '롱맨 현대 영영사전'에서 찾아보면 나오는 여러 가지 의미 중에서 도와 도형에 해당하는 의미를 뽑아봅시다.

▶ fig·ure
• a geometric shape

이 문장을 번역해 보면 '기하학적 형태'라는 뜻이 되므로, Figure=도형이라고 해도 별 무리가 없어 보입니다. 또한 도를 '도형을 하나 이상 모아 사물의 형상이나 형태를 그린 것'이라고 한다면 Figures=도라고 해도 별 무리가 없을 듯합니다.

그럼 다음으로 '도해'라는 단어를 마찬가지로 사전에서 찾아봅시다. 다음과 같이 적혀 있습니다.

▶ 도해【図解】
• 도를 이용해 풀어 제시하는 것. 혹은 그 책.
  엔진 구조를 **도해**한다.(エンジンの構造を**図解**する)

도와는 달리 기재된 의미는 하나뿐입니다. '도를 이용해 풀어 제시하는 것. 혹은 그 책'입니다. 의미를 설명하는 문장 속에 앞서 살펴본 도(図)와 풀어서 설명한다는 해(解)가 들어가 있어요. 겨우 두 문장으로만 적힌 정의지만, 도와 '도해'의 차이를 나타내는 중요한 표현이 들어가 있으므로 자세히 설명하겠습니다.

우선 사전의 의미에서 두 번째 문장부터 살펴봅시다. '그 책'이라고 나와 있지만, 현대에서는 책만이 아니라 인쇄물이나 웹(web) 형식도 도해라고 부를 수 있을 것입니다. 첫 번째 문장이 '~풀어 제시하는 것'이라는 동작을 제시하는 것에 비해, 그 동작을 행했던 '사물' 자체도 도해라고 부른다고 보면 되겠습니다.

그럼 이제부터 주목해야 하는 것은 첫 번째 문장입니다. '**도**를 이용해 풀어 제시하는 것'이라고 나와 있지요. '**도**를 이용해', 다시 말해서 **도해**란 **도**를 수단으로 하는 것이며, 그 목적은 어떤 것을 '풀어 제시하는 것'입니다. 이 정의의 순서를 바꿔 말하자면 **도해**란 '풀어 제시하기 위해 도를 이용하는 것. 풀어 제시하기 위해 **도**를 이용한 것'이 됩니다.

이처럼 **도**의 정의에서는 그 목적에 대해 특별히 언급하지 않지만, **도해**의 정의에서는 목적에 대해서도 다루고 있다는 점이 가장 큰 차이점 중 하나라고 할 수 있겠습니다.

또한 **도해**의 정의에 나오는 '**도**를 이용해'에서 말하는 **도**는, **도**의 정의 중 두 번째로 있었던 '점, 선, 면이 모여 하나의 형태를 구성하는 것', 다시 말해 도형이라는 의미와 가깝다고 볼 수 있습니다. 왜냐하면 **도**의 첫 번째 정의는 '사물의 형상이나 형태를 그린 것'이고, 이는 '**도해**'도 어떤 것을 그렸다는 점에서는 마찬가지이기 때문입니다.

결국 차이점은 풀어 제시한다는 목적이 명확하다는 점, 그리고 그 수단으로 **도**(도형)을 사용한다는 점일 것입니다.

'도해'를 영어로 표현하면 'Diagram'이 됩니다. 'Diagram'을 영영사전에서 찾아보면 다음과 같이 적혀 있습니다.

> ▶ di · a · gram
> • a simple drawing or plan that shows exactly where something is, what something looks like, or how something works

이 문장을 번역해 보면 '무엇이 어디에 있는지, 어떤 식으로 보이는지 혹은 무엇이 어떻게 기능하는지를 정확히 제시하는 간단한 도 혹은 계획'이라고 나옵니다. '무엇이 어디에 있는지' '어떤 식으로 보이는지' '무엇이 어떻게 기능하는지'의 세 가지 내용 또한 '제시한다'가 목적이지요.

여기서 주목해야 하는 건 '정확히(exactly)'와 '간단한(simple)'입니다. 내용은 정확히 제시하면서 동시에 표현은 간단하고 단순해야 한다. 척 봐도 간단한 도보다도 더 고도의 수준을 요구하는 것 같습니다. 그럼 '어떻게 정확하고 간단한 도를 그릴 수 있는가?'에 대해서는 후에 설명하도록 하겠습니다.

또한 번역문 마지막에 나온 '계획'은 도를 '디지털 다이지센 사전'에서 살펴봤을 때도 나온 정의였지요. 이 책에서는 도에서도 언급했던 것처럼, '사물의 형상이나 형태를 그린 것'을 도의 중심적인 의미로 다루고자 합니다.

이렇게 도와 도해의 차이에 대해 살펴보았습니다. 어떠셨나요? 도와 도해의 차이에 대해 좀 더 구체적인 이미지를 갖게 되었나요?

도와 도해의 차이 정의하기

지금까지 다룬 내용을 정리해 봅시다. 각 사전을 기초로 한 정의와 '도에 해당하지만 도해는 아닌 예'에서 알 수 있듯, 도해란 도의 범위 속에 포함되는 단어라고 할 수 있습니다. 그리고 도와 도해의 차이를 ① 목적(Why), ② 요소(What), ③ 방법(How)의 세 가지 기준점에서 정돈하면 다음과 같은 표가 됩니다.

도와 도해의 차이

	도 Figures	도해 Diagram
목적 Why	있을 때도 있고, 없을 때도 있다	'이해시킨다(=풀어 제시한다)'라는 목적이 있다
요소 What	글자, 도형(Figure), 그림	글자, 도형(Figure), 그림
방법 How	특별히 없음	'분해(Dia)의 문법(gram)'을 따라 만든다

도와 도해의 차이 ① 목적 : 왜 만드는가? (Why)

우선 도와 도해를 '왜 만드는가?'라는 목적에 대해 비교해 보겠습니다. '도에 해당하지만 도해는 아닌 예'에서 언급한 것처럼 '어린아이가 생각나는 대로 그린 도형의 집합'은 도라고 부를 수 있어도, 도해라고는 부르기 어렵습니다. 그 이유는 도해에는 '풀어 제시하기'라는 목적이 있기 때문입니다. 생각이 나는 대로 그린다는 행위에는 (대부분의 경우) 뭔가를 풀어 제시하려는 목적이나 의도는 거의 없지요.

또한 '왜 만드는가?'라는 목적을 '풀어 제시하기'라고 말했는데, '풀어 제시하기'는 도해를 만드는 쪽의 뉘앙스가 강한 말이고, 그다지 일상적으로 쓰는 말도 아닙니다. 결국 도해를 이용해서 내가 풀어 제시함으로써 그걸 본 상대방에게 어떤 변화를 주고 싶은가라는 관점에서 적절한 말을 골라보자면, '도해'는 상대방에게 어떤 것을 '이해시키기' 위해 만드는 것, 즉 '도해'의 목적은 '이해시키기'라고 할 수 있겠습니다.

그럼 왜 '이해시키기' 위해 도해를 쓰는 것일까요?

우리는 도해 이외에도 뭔가를 표현하고 뜻을 전달하는 수단을 많이 갖고 있습니다. 예를 들어 문장이 대표적인 수단이겠지요. 도를 사용하지 않아도, 문자를 나열함으로써 상대방을 이해시킬 수 있습니다. 그 외에도 음성, 즉 대화로 전달하거나 혹은 그림을 그려서 전할 수도 있습니다. '표현을 전달한다'라는 부분까지 뜻을 확대하면 춤이나 저글링, 뮤지컬 공연 같은 것도 분위기나 세계관을 이해시키기 위한 수단이라고 칭할 수 있습니다.

수많은 수단 중에서도 우리가 '도해를 이용하여 어떤 것을 이해시키려' 하는 이유는 무엇일까요. '도해를 사용해서 어떤 것을 이해시키기' 위해 도해를 선택할 때와 경우에는 어떤 조건이 있을까요. 이는 도해와 다른 전달 수단(문장, 음성, 그림 등)의 특징 차이를 읽어내기 위한 힌트가 될 수 있을 것입니다.

문장, 음성, 그림 등 여러 전달 수단 중에서 '이해시키기' 위한 수단으로 도해가 선택되는 이유와 상황에 대해 예를 들어 생각해 봅시다.

예를 들어 '당신이 꿈꾸는 내 집을 설명해 주세요'라는 말을 들었을 때. 이를 전달하는 수단의 후보로 도해, 문장, 음성, 그림의 네 가지가 있다고 합시다. 당신은 어떤 수단을 고를 건가요? 그걸 선택한 이유는 무엇인가요? 네 가지 수단을 어떤 식으로 비교 검토했나요?

여기서는 이 네 가지 수단의 특징을 다음 두 가지 관점에서 비교하겠습니다.

① 이해도. 즉, 얼마나 상세히 이해할 수 있는가.
② 이해에 걸리는 시간.

두 가지 관점에서 각각을 자세히 살펴봅시다.

우선 ①의 이해도. '얼마나 상세히 이해할 수 있는가(=정보량의 정도)'에 대해서 일반적으로 떠올리게 되는 도해, 문장, 음성, 글 중에서, 가장 상세하면서 정보량이 많은 것은 그림입니다. '이런 정원이 있다' '주방은 이런 식이고' '구조는 이렇게' 등등, 그림을 그려 설명하면 세세한 구성과 뉘앙스도 전할 수 있지요.

반대로 가장 내용을 전하기 어려운 것은 무엇일까요? '상대방이 이해할 수 있는가?'라는 시점에서 봤을 때 음성이 가장 어렵지 않을까요? 청자는 귀로 들은 정보를 머릿속으로 떠올려야 하므로 화자와 청자 사이에 인식 차이가 발생할 수 있습니다.

그림과 음성 사이에 위치하는 것이 도해와 문장인데, '시각화할 수 있다'라는 의미에서는 도해가 더 상세하게 이해하기 쉬울 것입니다.

이상으로 정리해 보자면, 이해도로 비교했을 때 높은 순서대로 그림, 도해, 문장, 음성으로 나열하게 됩니다.

다음으로 '이해에 걸리는 시간'에 대해서 보자면, 일반적으로 정보량이 적을수록 이해하는 데 걸리는 시간은 길어집니다. 또한 그림과 도해 등의 시각 중심의 정보는 문장보다 내용 이해가 쉽고, 문장은 음성보다 빨리 이해할 수 있지요.

미술관에서 그림을 감상하는 상황을 상상해 보면 좋을 것입니다. 물론 개인차는 있겠지만 작품 자체(그림이나 도해)를 보고 내용을 파악하는 속도나 작품 해설(문장)을 읽고 이해하는 속도, 그리고 음성 가이드를 듣고 이해하는 속도를 고려해 봤을 때, 이해에 걸리는 시간이 짧은 순으로는 그림, 도해, 문장, 음성이 되겠습니다.

그럼 여기까지의 이야기를 도로 표현해 봅시다. '① 이해도'를 세로축으로 두고 '② 이해에 얼마나 시간이 걸리는가'를 가로축으로 삼은 후, 그림, 도해, 문장, 음성의 네 가지를 매치하면 다음과 같이 됩니다.

네 가지의 전달 수단 비교

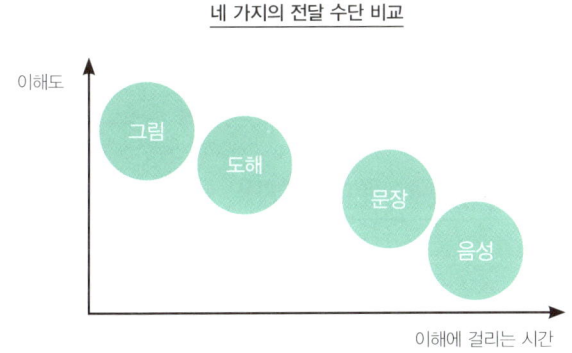

여기서 '이해 효율'이라는 새로운 개념을 생각해 봅시다.

이해 효율을 '이해에 걸리는 시간에 대한 이해 정도'라고 했을 때, ①÷②이라는 수식으로 표현할 수 있습니다. 이는 도에서 보자면 '네 가지의 각 표현과 원점의 각도 크기'로 드러낼 수 있어요. 그리고 이해 효율로 네 가지 수단을 평가하자면 '이해 효율이 좋을(=각도가 클)수록 이해시킬 수단으로서 좋다'라고 할 수 있습니다.

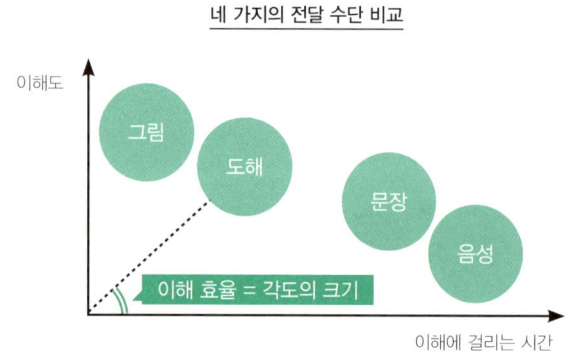

그렇게 되면 '이해도가 제일 높고, 이해에 걸리는 시간도 제일 짧은, 다시 말해 이해 효율이 가장 좋은 그림이 이해 수단으로 제일 뛰어나다'라고 말할 수 있지요.

그러나 여기서 또 하나의 시점인 '③ 제작에 걸리는 시간'을 도입해 보면 어떨까요? '① 이해도' '② 이해에 걸리는 시간'은 정보를 받아들이는 쪽의 시점이었습니다. 반면에 '③ 제작에 걸리는 시간'은 만드는 쪽의 시점이지요. 제작에는 오랜 시간을 들이지 않고 정보를 전달하는 것이 효율이 좋으니, 시간이 덜 걸리는 순으로 생각해 봅시다.

제일 시간이 적게 걸리는 건 음성일 것입니다. 일반적으로는 손을 써서 그림이나 도해를 그리거나 문장을 쓰는 것보다 말로 하는 게 더 빠르다고 인식되고 있으니까요. 다음은 문장이 아닐까요? 그리는 것보다 쓰기, 혹은 컴퓨터나 스마트폰을 써서 문장을 입력하는 게 더 빠를 겁니다.

그림과 도해 중에서는 어느 쪽이 더 시간이 걸릴까요? 도해는 사각형이나 동그라미, 화살표 등의 도형으로 표현하는 것에 비해, 그림은 상세하게 그릴 필요가 있으므로 상당한 시간 차이가 생길 것입니다.

'③ 제작에 걸리는 시간'이라는 제작자의 관점을 비교해 보자면, 효율의 순서는 반대가 됩니다. 음성이 제일 시간이 덜 들리고, 문장, 도해, 그리고 그림의 순서대로 수고와 작업 시간이 늘어나게 되지요.

이 '③ 제작에 걸리는 시간'의 정보를 아까 전의 도해 배경에 원을 두어 그 크기로 표시해 봅시다. 음성이 제일 작은 원이고, 이어서 문장, 도해, 그림의 순서대로 커집니다. 특히 그림은 시간이 걸리므로 상당히 큰 원으로 표현했습니다.

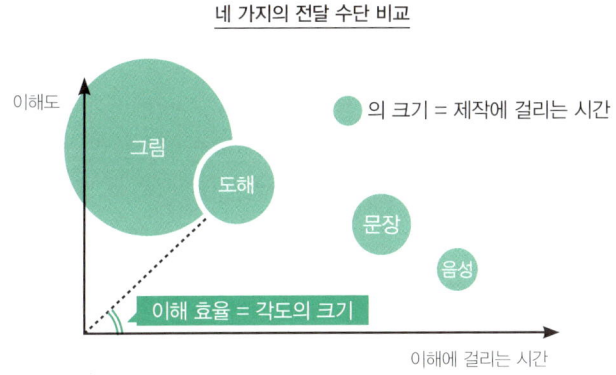

네 가지의 전달 수단 비교

또한 아까의 이해 효율 공식(①÷②)에 '③ 제작에 걸리는 시간'을 넣으면 어떻게 될까요? 제작 시간은 비용이니까 수식의 분모에 넣어 ①÷(②×③)으로 하여 이를 '이해를 위한 표현 효율'이라고 정리하면, 그림, 도해, 문장, 음성 중에서 이 수치가 제일 높은 것은 바로 도해가 됩니다.

즉, 도해란 '이해를 위한 표현 효율'이 뛰어난 표현 수법, '제작에 걸리는 시간에 비해 이해 효율이 좋은 표현 수법'입니다.

도해란?

제작에 걸리는 시간에 비해
이해 효율이 좋은 표현 수법

$$\left(\frac{\text{이해도}}{\text{이해 시간} \times \text{제작 시간}} \text{이 Good!} \right)$$

도해는 '이해시키기' 위한 비용 대비 효과가 좋은 표현이므로 그림이나 문장, 음성 중에서 우선 선택되어 사용됩니다.

단, '이해시키는 데 언제나 도해가 가장 좋은가?'라는 점에 대해서는 물론 예외도 존재합니다. 예를 들어 메일이 아니라 전화를 할 때, 상대방에게 세세한 뉘앙스나 온도감까지 포함해서 전할 때는 음성이나 동영상이 더 효과적일 때도 있지요. 또한 세부적인 배경을 포함하여 논리를 전달하고자 할 때는 문장이 더 효율적일 수 있습니다.

더 나아가 '우위 감각'이라는 사고방식도 얼마나 상대방이 이해할 수 있는가에 영향을 줍니다. 우위 감각이란, 시각과 청각, 촉각 등의 감각 중에 그 사람 속에서 상대적으로 정보를 얻고 반응하기 쉬운 감각을 뜻합니다.

예를 들어, 어떤 것을 배울 때 그림이나 이미지로 내용을 익히는 게 쉬운 시각 우위의 사람도 있는가 하면, 소리로 듣고 익히는 게 더 편한 청각 우위의 사람도 있지요. 청각 우위의 사람에게는 도해보다 음성이 더 이해하기 쉬운 표현 수단일 때도 있습니다.

이처럼 '이해시킨다'라는 목적 하나만 두고도 여러 상황이나 경우가 있어요. 지금까지 도해가 '이해 효율이 좋은 표현 수법'이라는 설명을 했지만, '이해시키고 싶다면 도해를 쓰자'가 아니라 누구에게, 어떤 성질의 정보를, 어떤 상황에서, 어느 정도로 이해시키고 싶은지를 고려한 다음에 가장 적합한 표현 수단을 선택하겠다는 의식만으로도 '전달 능력'은 크게 상승합니다.

도와 도해의 요소

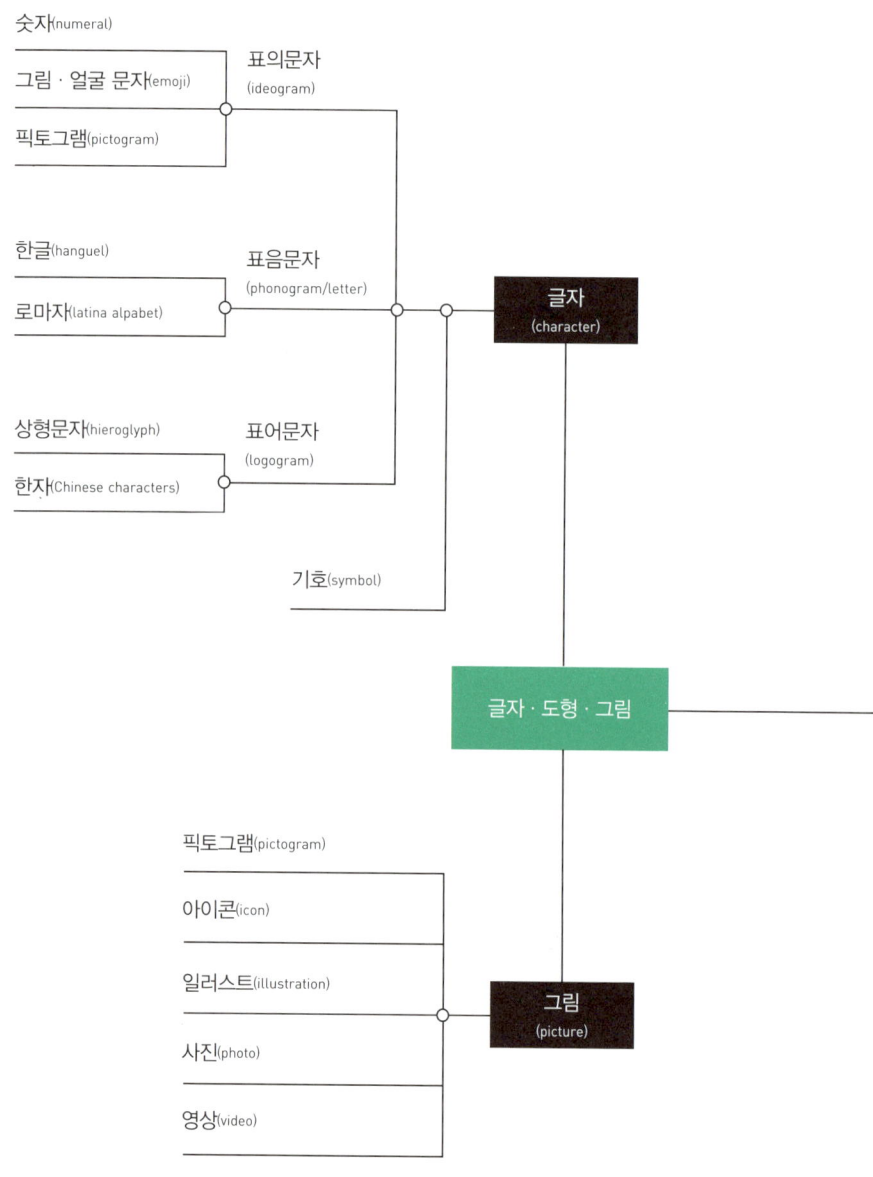

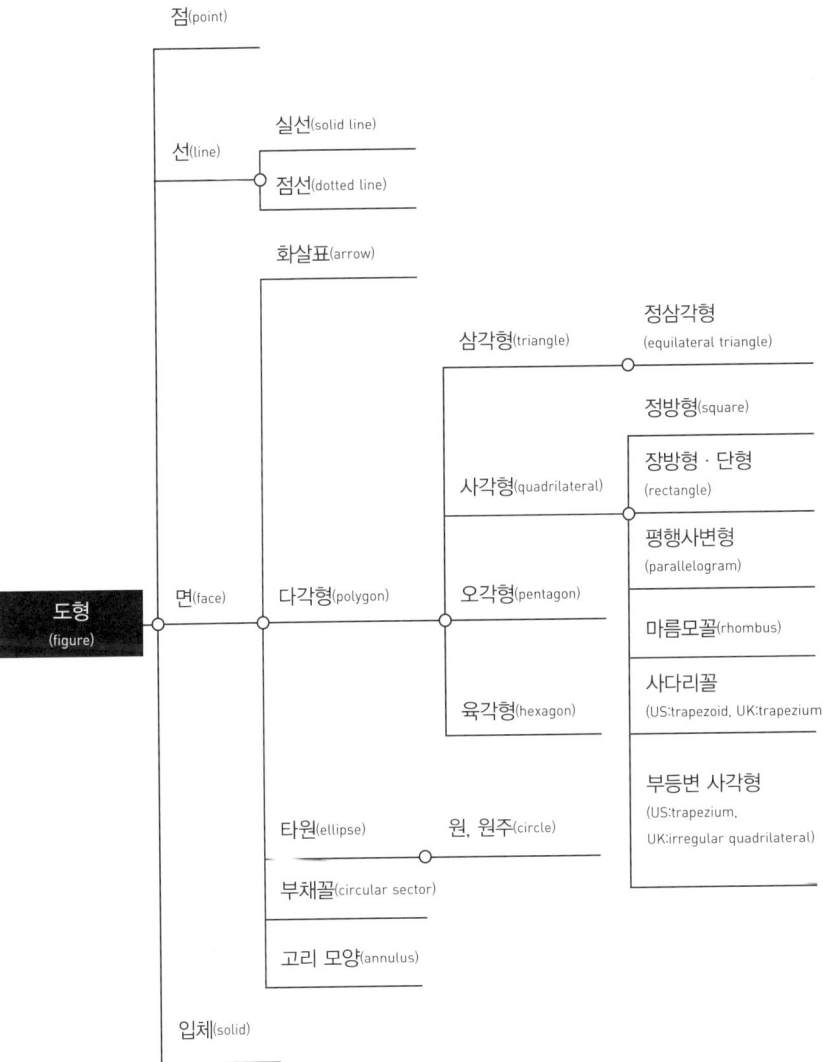

도와 도해의 차이 ② 요소 : 무엇을 사용하여 만드는가? (What)

다음으로 도와 도해를 '무엇으로 만드는가?'라는 요소로 비교해 봅시다. 도와 도해의 요소 모두 '글자' '도형(Figure)' '그림'의 세 종류의 요소를 사용하여 만듭니다. '글자' '도형(Figure)' '그림'의 세 가지에 대해 각각 간단히 해설하겠습니다.

● 세 가지 요소 ① 글자

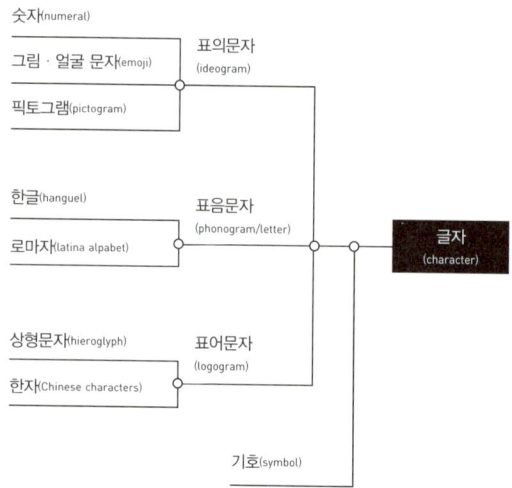

글자란, 소위 문장으로 표현할 때 쓰이는 것으로 크게 문자와 기호(문자 기호)로 나뉩니다. 문자에는 우리가 쓰는 한글 같은 표음문자(phonogram)와 한자 등의 표어문자(logogram), 그리고 숫자 등의 표의문자(ideogram)가 있지만, 이 책에서 상세 내용은 생략하도록 하겠습니다.

기호(문자 기호)란 예를 들어 ',(쉼표)'나 '.(마침표)' '!(느낌표)' '@(앳마크)' 등을 일컫습니다. '( )(괄호)'도 대표적인 기호지요. 문장 속에서 사용되어 문장 안에서 본래 내용과 구분되는 정보를 넣거나, 문장의 뜻을 보충할 때 쓰입니다.

또한 엄밀하게 따져서 표의문자에는 픽토그램(pictogram)도 있고, 기호 중에서도 지도 기호 등의 심벌마크에 가까운 것도 있지만, 이 책에서 이들은 후에 설명할 '그림'에 포함하고 있습니다.

도해 속에서 어떤 문자와 기호가 사용되는지 자세히 설명하겠습니다. 우선 문자 속에서 자주 사용되는 건 한글, 한자, 그리고 숫자일 것입니다. 도해를 그리는 종이나 슬라이드에 직접 쓰기도 하지만, 화살표와 함께 적어 관계성을 표현하거나 사각형 및 원으로 둘러쌈으로써 요소 그 자체를 표현하기도 합니다.

모모타로[5]와 개의 관계성을 표현하기

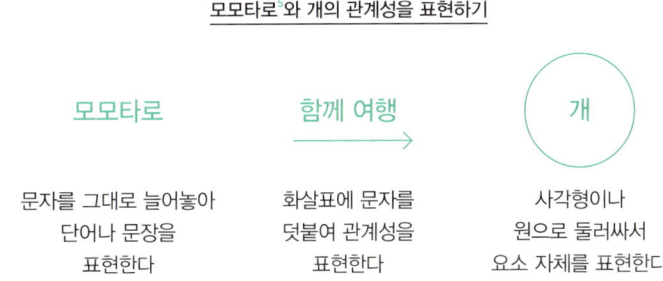

모모타로	함께 여행	개
문자를 그대로 늘어놓아 단어나 문장을 표현한다	화살표에 문자를 덧붙여 관계성을 표현한다	사각형이나 원으로 둘러싸서 요소 자체를 표현한다

---

[5] (역주) 이 책에서 예로 든 것은 일본 전래동화인 『모모타로』이다. 복숭아에서 태어난 엄지손가락 크기의 모모타로는 노부부의 손에 크다가 열다섯 살이 되자 도깨비섬 이야기를 듣고 그를 물리치러 떠난다. 모모타로는 할머니가 싸준 수수팥떡을 가지고 여행 도중에 만난 개, 원숭이, 꿩과 함께 나쁜 도깨비를 물리친다. 이후. 모모타로는 도깨비로부터 빼앗은 보물을 가지고 돌아와 행복하게 산다.

기호 중에서 자주 사용되는 것으로는 구두점을 꼽을 수 있을 것입니다. 문자와 구두점을 조합함으로써 문장을 만들 수 있지요. 마찬가지로 '!'와 '?'도 자주 사용됩니다.

또한 괄호 종류 ( )「 」『 』[ ]【 】도 빈번하게 사용되는 기호입니다. 문자를 중심으로, 요소의 장식이나 강조, 구분을 위해 쓰지요.

그 외에도 잘 사용하는 기호로는 '│(버티컬 바)' '…(말줄임표)' '.(마침표)' " '(작은따옴표)' "" "(큰따옴표)' '-(하이픈)' '_(언더 바)' '※' '・(가운뎃점)' 등이 있습니다. 다음과 같이 평범한 문장 속에서도 의외로 기호는 많이 쓰이지요.

문장 속 기호의 예

▶ "나는, 모모타로야. 너는 누구니?"
【순서 1】수守 … 스승의 가르침을 '지키고', 익힌다.
【순서 2】파破 … 다른 스승의 가르침도 배우고, 발전시킨다.
【순서 3】리离 … 독자적으로 새로운 기술을 만들어내고, 확립한다.[6]
※순서 1~3의 권장 기간은 각각 2년 이상

단, 기호는 요소의 장식이나 강조 및 구분 등, 어디까지나 내용을 보충하기 위해 쓰는 것이므로 과도하게 쓰지 않는 것이 중요합니다.

---

6 (역주) 수파리(守破离)는 불교 가르침에서 시작된 말로, 가르치는 대로 배우면서 버릴 것과 취할 것을 가리고 자기 것으로 만들어, 경지에 이른다는 뜻이다.

● 세 가지 요소 ② 도형

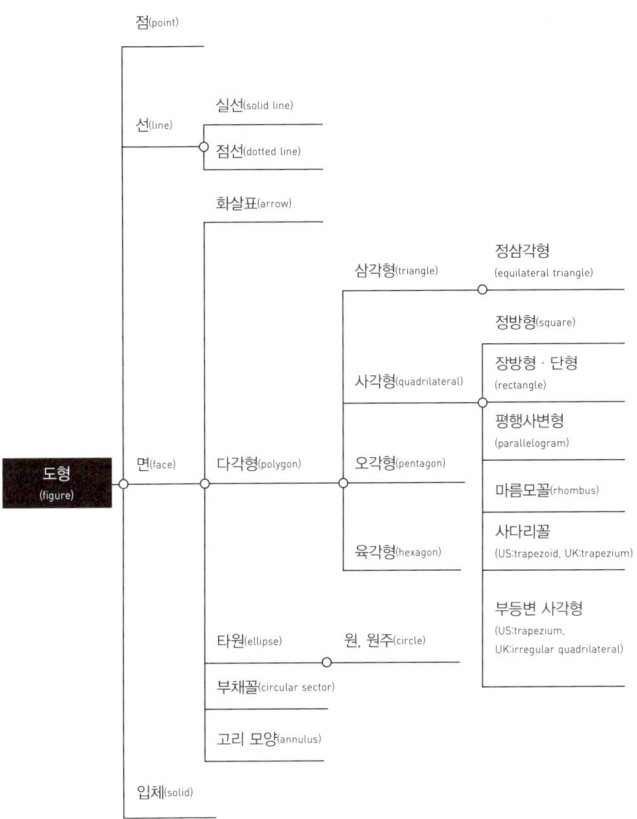

　도형은 <u>도</u>의 정의에서 언급했던 것처럼 '점, 선, 면이 모여 하나의 형태를 구성하는 것'입니다. 치원의 수에 따라 0차원의 점(point), 1차원의 선(line), 2차원의 면(face), 3차원의 입체(solid)의 네 가지로 나뉘는데, 실제로 <u>도해</u>에 사용되는 도형은 0차원의 점, 1차원의 선, 2차원의 면에 해당하는 일부 도형으로 거의 커버할 수 있습니다.

점

점이란 엄밀히 따져서 크기가 없고 위치 정보만 가진 도형이지만 이 책에서는 점을 '인간이 점이라고 인식하는 작은 원'이라고 보겠습니다. 점을 실제로 도해에서 사용하는 경우는 어느 정도 제한적입니다. 대표적으로는 선과 함께 사용해서 도나 문장의 보충 설명을 해주는 사용법이 있습니다.

도나 문장에서 선을 뻗어 나가게 하여 멀리 떨어진 위치에 보충 설명을 적을 때, 점을 선 끝에 둠으로써 선의 시작을 돋보이게 할 수 있어요.

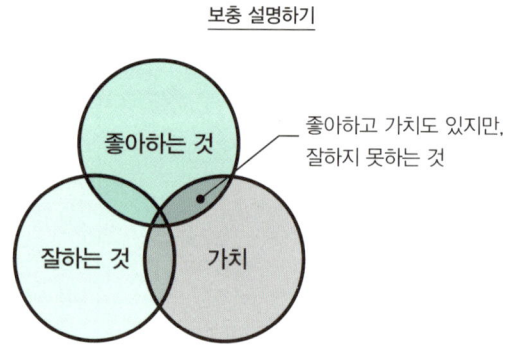

보충 설명하기

선

선을 사용하는 목적은 주로 '분류' '연결' '강조', 이 세 가지입니다.

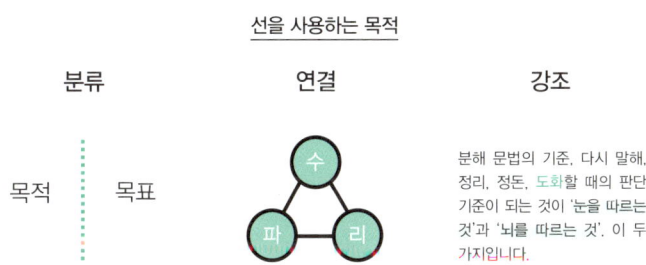

글자나 도형을 서로 선으로 구분(분류)함으로써 다른 요소임을 드러내거나 반대로 글자나 도형을 서로 선으로 이음(연결)으로써 어떤 관계를 표현하거나 혹은 문장 내의 일부 문자 아래에 선을 그어(강조) 전하고 싶은 내용을 돋보이게 할 수 있습니다.

'분류', 다시 말해 선으로 구분 짓는 것으로 다른 관계임을 표현하는 예로서 'A와 B의 차이' 같은 도해가 있습니다. A와 B가 다른 것이고 다른 관계임을 시각적으로 드러내는 구분으로 기능하고 있지요.

'고민'과 '생각'의 차이 드러내기

고민
어떤 문제에 대해 해결로 나아가지 않고 같은 지점만 빙빙 도는 일

생각
어떤 문제에 대해 해결을 향해 건설적으로 나아가는 일

또한 분류를 위한 '시각적 구분'은 선 이외의 다른 것으로도 표현할 수 있습니다. 선을 쓰지 않고 요소 사이의 간격을 벌려 공백으로 둬서 다르다는 관계를 표현하거나, 선이 아니라 배경색 대비로 차이를 표현하는 방법, 면에 그림자를 넣어 깊이감을 주고 그 높이 차이로 관계를 표현하는 방법 등이 있습니다.

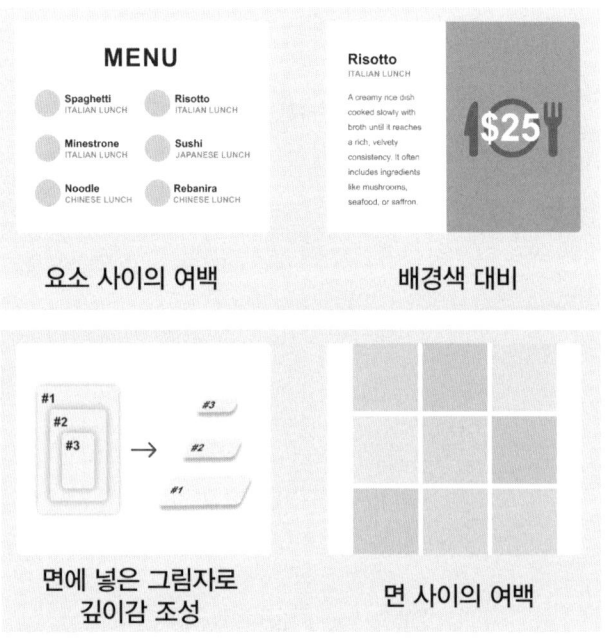

또 표와 같은 격자 상태의 면에 배치하는 경우, 특수한 구분법으로서 면끼리의 색을 다르게 하거나 면과 면 사이의 여백이 선으로 보이게 하는 것이 있습니다.

'연결'은 선으로 관계를 표현하는 것인데, 이의 대표적인 예는 바로 가계도일 것입니다. 가계도에서는 문자(이름 등)를 세로와 가로 두 개의 선으로 이어서 배우자와 친자 관계를 표현합니다.

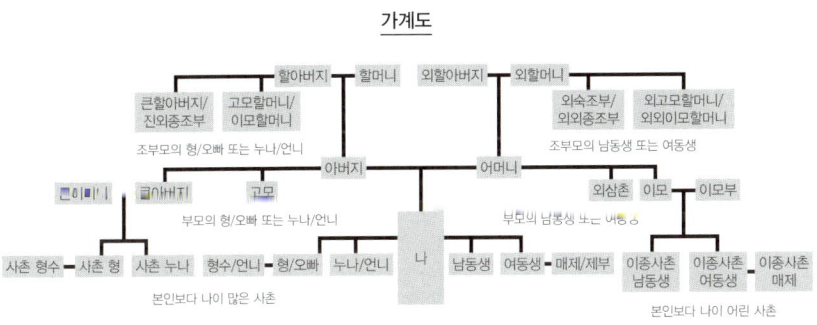

선의 종류는 크게 실선(solid line)과 점선(dotted line) 두 가지로 나눌 수 있는데, 기본적으로는 실선이 사용됩니다. 이외의 선으로는 파선(破線, broken line, dashed line)이나 물결선(波線, wavy line, wiggly line) 등이 있는데, 일반적인 도해에서는 실선과 점선 두 종류만 있으면 충분합니다.

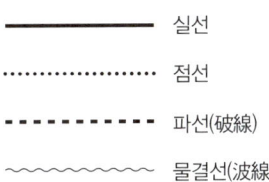

실선이 아니라 점선을 사용하는 경우, 실선의 보조적인 역할로 쓰거나 실선으로는 표현하기 힘든 '보이지 않거나 혹은 존재하지 않는 것'을 표현하기 위해 사용할 때가 많습니다.

점선을 사용하는 경우 ① 실선의 보조적 역할로 사용한다

예를 들어, 일상생활에서 종이접기를 할 때 실선을 '꺾인 면이 바깥쪽으로 나오게 접기'나 점선을 '꺾인 면이 안쪽으로 들어가게 접기'로 표현할 수 있고, 차도에서는 차량 통행선이나 중앙선에 흰색 실선과 점선을 그리는 것으로 각각 규칙이 정해져 있지요.

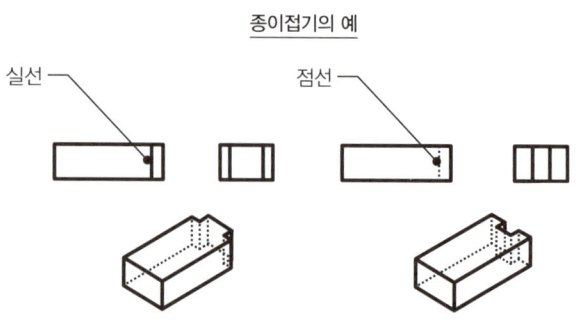

종이접기의 예

차도 중앙선에서의 분류는 '중앙선을 넘어서 통행해도 되는지 여부'라는 규칙이 있는데, 실선이 점선보다 더 강한 규칙으로 작용합니다.

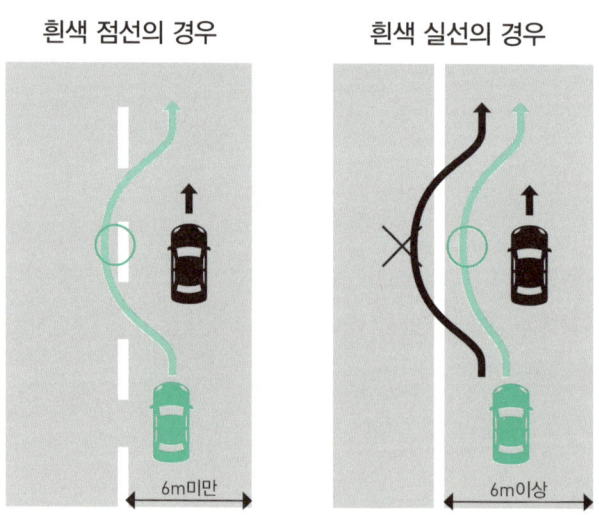

이처럼 일상생활에서 실선이 주된 선, 점선은 보조적인 선이라는 의미로 사용될 때가 많아서, 도해의 표현으로도 실선과 점선의 양쪽을 사용할 때 이 점을 의식해 구분하는 것이 좋아요. 시각적으로도 실선이 점선보다 더 구분이 확실한 것으로 보기 쉬우니, 직감적으로 구분해 사용하기는 어렵지 않을 것입니다.

그래프의 예

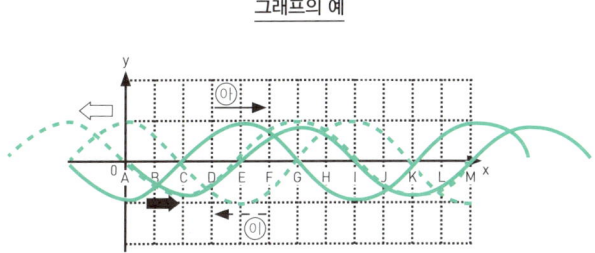

점선을 사용하는 경우 ② 보이지 않거나 혹은 존재하지 않는 것을 표현한다

점선은 보이지 않는 부분을 표현하기 위해서도 사용됩니다. 정육면체를 그릴 때 모든 선을 실선으로 그리는 방법도 있겠지만 보이는 선은 실선으로, 보이지 않는 선은 점선으로 그리는 방법도 있어요. 이 경우, 실선은 보이는 선이라는 뜻이고 점선은 보이지 않는 선이라는 의미를 가진 표현으로 그립니다.

정육면체의 예

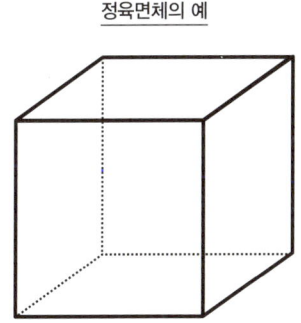

또한 실선과 점선이 평면에서 겹칠 경우, 실선이 위에 있는 선이고 점선이 아래에 있는 것으로 표현되기도 합니다. 우리가 평소에 의식하지 않고 구분해서 사용하는 독특한 규칙 중 하나지요.

점선과 실선의 규칙

'보이지 않는다'에서 파생해서 '존재하지 않는다'를 드러내기 위해 점선이 사용될 때도 있습니다. '존재하지 않는다'를 표현한다는 건 무슨 뜻일까요? 바로 앞으로 일어날 미래의 예측이나, 과거에 있었지만 지금은 없던 것을 의미합니다.

앞으로 일어날 미래의 예측의 예로는 실적 예상 그래프가 있습니다. 올해까지의 실적치는 실선으로, 내년 이후의 예측치는 점선으로 표현함으로써 '존재하지 않는다'를 시각적으로 표현하지요.

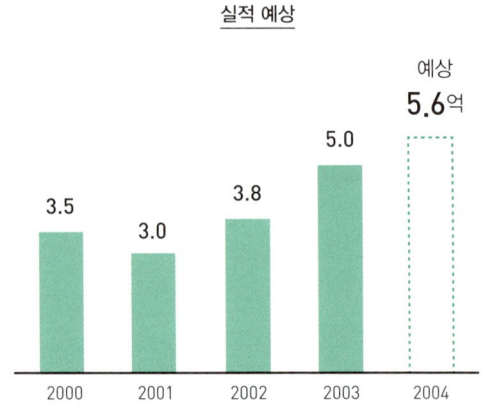

과거에는 있었으나 지금은 없는 것을 표현하는 예로는, '귤이 다섯 개 있었지만, 두 개가 없어져서 이제 세 개가 남았다'가 있습니다. 세 개의 귤만 실선으로 그리는 경우도 있지만, '없어졌다'라는 상황을 전하기 위해 두 개의 귤을 점선으로 그리는 방법도 있어요.

이처럼 '존재하지 않는다'의 표현은 만화에서도 사용됩니다. '작은 목소리'를 표현할 때 말풍선을 점선으로 그리기도 하는데, 이것도 마찬가지로 '(음성적으로) 존재하지 않는다'라는 의미에 가까운 표현이라고 할 수 있겠네요.

만화에서 사용되는 점선의 예

면

면에는 화살표나 삼각형, 사각형 등의 다각형, 원, 부채꼴, 고리 모양 등 다양한 종류가 있는데, 도와 도해에서 자주 사용되는 것은 '화살표, 삼각형, 정사각형, 직사각형, 원', 이 다섯 가지입니다. 이 다섯 가지를 구분해 사용하면 도와 도해 대부분을 표현할 수 있을 거예요.

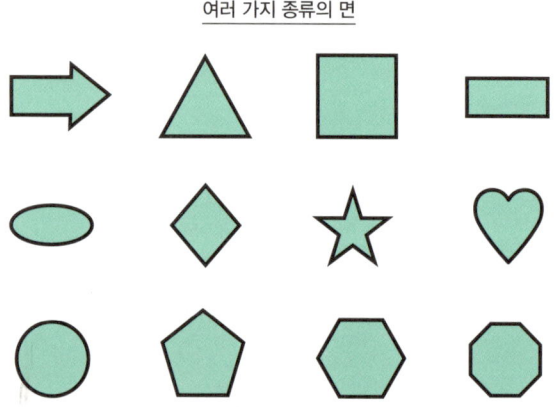

여러 가지 종류의 면

화살표

화살표는 겉모양이 선에 가까운 것도 있지만, 폭이 있는 화살표 등 여러 표현 방법이 있어서 면으로 분류합니다.

화살표에는 여러 표현 방법이 있으며, 세세한 장식까지 포함하면 끝이 없을 정도입니다. 실제로 컴퓨터나 스마트폰으로 '화살표'를 입력해서 변환하면 그 후보만 해도 너무 많아 깜짝 놀라지요.

	방향				
	상	하	좌	우	기타
한 줄 화살표	↑	↓	←	→	↔
두 줄 화살표	⇑	⇓	⇐	⇒	⇔ ⇕
점선 화살표	↑	↓	⇠	⇢	↵
흰색 화살표	⇧	⇩	⇦	⇨	⇪ ↩
손					☞
원호 화살표	↶	↷	↺	↻	
이두 화살표	↟	↡	↞	↠	↔

	사선 방향				
	우상	우하	좌상	좌하	기타
한 줄 화살표	↗	↘	↖	↙	
두 줄 화살표	⇗	⇘	⇖	⇙	
곡선 화살표	⤴	⤵	⤶	⤷	
원 화살표	↺	↻	↺	↻	
갈고리 붙은 화살표	⌐	⌙	⌐	⌙	
후크 화살표	↩	↪			
벽 붙은 화살표	↗	↘	↖	↙	

	사선 방향				
	①	②	③	④	⑤
파도 화살표	⇜	⇝	⇜	⇝	↭
후크 화살표	↩	↪	↫	↬	
막대 붙은 화살표	↥	↧	↤	↦	↨
사선 이중 화살표	✕	✕	✕	✕	
대소 화살표	↰	↱	↲	↳	

	방향			
	상	하	좌	우
흰색 삼각형	△	▽	◁	▷
검은 삼각형	▲	▼	◀	▶
괄호 하나			<	>
괄호 둘			≪	≫
원형 한자	上	下	左	右
원형 영자	Ⓣ	Ⓑ	Ⓛ	Ⓡ

화살표의 패턴은 크게 다섯 가지로 나눕니다. 자주 사용되는 건 선의 조합으로 그려진 화살표와 폭을 가진 화살표(칠각형이라고도 할 수 있음)입니다. 또한 삼각형이 화살표의 의미를 가질 때도 있어요. 마찬가지로 프레젠테이션 자료 등에서는 오각형의 홈 베이스 같은 화살표나 화살의 살깃 같은 육각형 화살표를 찾아볼 수 있을 것입니다.

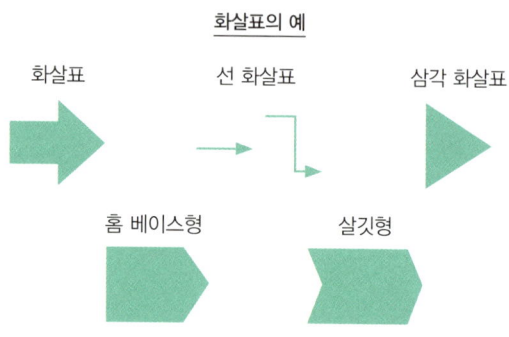

화살표의 예

 그 외에도 '실선(→)인지, 점선(⋯)인지' '살깃이 한쪽에만 붙어 있는지(→), 양쪽에 붙어 있는지(⇔)' '화살표가 직선(→)인지, 곡선(↺)인지'에 착안해서 볼 때도 있습니다. 이런 조합에 맞춰 다양한 화살표를 표현할 수 있습니다.

 그럼 화살표는 어떤 의미를 가지고 무엇을 표현하기 위해 사용하는 걸까요? 사실 화살표는 표현하는 의미의 종류도 다양합니다.

 가장 일상적으로 사용되는 의미는 '방향'입니다. 대표적인 것으로 일방통행의 표식이 있지요. '화장실은 저쪽에 있다'라고 손가락으로 가리키는 것도 '방향'을 제시하기 위한 화살표라고 볼 수 있겠습니다. 건물 층 안내도에서 현재 위치를 표시하는 화살표나 컴퓨터의 커서 등은 '이곳이 현재 위치입니다' '여기가 조작하는 곳입니다'라는 '지시'를 하고 있어요.

 그 외에도 예를 들자면 '편의점과 집과의 거리는 600m(편의점 ⇔ 집)'라는 내용을 지도로 표시하려면, 편의점과 집 사이를 양쪽에 살깃이 붙은 화살표로 이어 표시합니다. 이 경우, 화살표는 두 지점의 '거리'를 가리킵니다. 한편, '편의점에서 집까지 걸었다(편의점 → 집)'라는 내용을 지도로 표시한다면, 편의점에서 집까지 한쪽에만 살깃이 달린 화살표로 연결함으로써 '이동'을 표현할 수 있어요. 'A국이 B국을 침략했다(A국−침략 → B국)'와 같이 주어와 목적어를 잇는 술어를 화살표에 담은 '주종'의 표현도 자주 찾아볼 수 있습니다.

'다섯 개의 사과가 세 개가 됐다(사과 다섯 개 → 사과 세 개)' '사과가 섞었다(사과 → 썩은 사과)'처럼 양과 질의 '변화', '끝말잇기(사과 → 과자 → 자라)'처럼 의미의 '변화', '일어나서 먹고 자고(일어나기 → 먹기 → 자기)' 같은 시간과 순서의 '변화'를 표현하는 것도 가능해요.

'A는 B다. B는 C다(A → B → C)'처럼 '논리'를 표현하거나 '취소 요금 10,000원 → 24시간 이내의 취소에 해당합니다'와 같은 '설명'에도 화살표를 쓸 수 있습니다.

이처럼 화살표는 방향, 지시, 거리, 이동, 주종, 변화, 논리, 설명 등 다양한 의미를 포함하는 편리한 도형입니다. 그러나 의미가 다양한만큼 **도해** 제작자는 더더욱 이를 보는 사람이 다른 뜻으로 받아들이지 않도록 주의해야 합니다. 화살표의 의미가 아주 명확하지 않다면, 화살표에 문자를 덧붙이는 형태로 의미를 보충해서 오해의 가능성을 낮추는 것도 좋습니다.

화살표로 표현할 수 있는 여러 가지 의미

방향	지시	거리	이동
화장실 →		←5cm→	연못 → 집

주종	변화	논리	설명
A 침략→ B	∴∴ → ∵∴	p → q p̄ → q̄	50%off → 만 원 이상 상품 대상

삼각형 · 정사각형 · 직사각형 · 원

삼각형은 앞서 설명한 것처럼 화살표를 대신해서 사용하거나 혹은 삼각형과 사각형을 조합하여 말풍선으로 쓰일 때가 많습니다. 제4장에서도 언급하겠지만, 피라미드의 메타포로 사용되는 것 이외에는 도의 요소로 쓰일 경우가 그다지 많지 않습니다.

정사각형이나 직사각형, 원은 도형 그 자체만이 아니라 도형 속에 문자를 넣어서 도의 요소로 삼는 것이 주된 사용법입니다. 정사각형이나 직사각형 모서리는 직각이거나 혹은 조금 둥그스름하게 하거나 각을 심하게 꺾어 버튼형으로 쓰는 세 가지 방식이 대부분입니다. 또한 이런 도형은 그림의 픽토그램이나 아이콘의 바탕으로도 사용되기도 하지요.

삼각형 · 정사각형 · 직사각형 · 원의 사용법

● 세 가지 요소 ③ 그림

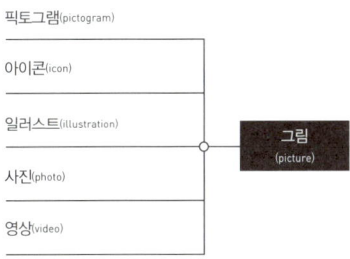

그림(picture)이란 사물의 형태나 모습을 그려서 표현한 것으로, 픽토그램(pictogram), 아이콘(icon), 일러스트(illustration), 사진(photo), 영상(video) 등이 포함되는데, 도해에서는 픽토그램, 아이콘, 일러스트 이 세 가지가 자주 사용됩니다.

도해는 극단적으로 가자면 그림을 전혀 쓰지 않고도 만들 수 있지만, 글자나 도형보다도 구체적인 시각 표현을 가진 그림을 함께 넣었을 때 보는 사람은 도해의 내용을 떠올리기 더 쉬워집니다. 단, 너무 많이 사용하면 도해가 복잡해져서 오히려 이해하기 어려워지므로 이 점을 주의해야 하지요.

복잡한 도해의 예[7]

픽토그램과 아이콘과 일러스트는 외형이 비슷해 혼동하기 쉽습니다. 명확하게 차이나는 것은 아니지만, 여기서는 간단하게 각각의 차이점을 소개합니다.

---

7 출처 : 일본 환경성 홈페이지 https://www.env.go.jp/nature/morisatokawaumi/kyouseiken.html

픽토그램

픽토그램은 표의문자의 일종으로, 숫자나 그림 문자와 같은 종류라고 할 수 있습니다. 표의문자란 글자 하나하나가 일정한 의미를 가진 문자로, 예를 들어서 그림 문자의 '🐜'은 문자 자체에 '(곤충인) 개미'라는 의미를 가지고 있어요. 한편, '개미'라는 한글 단어를 이루는 표음문자 '개'만 놓고 보면, '개'라는 문자만으로는 제대로 된 의미를 드러낼 수 없습니다. 어디까지나 발음인 '개'만을 드러내고, '개' '미'라는 두 글자를 이어야 '개미'가 되지요. '개미'도 곤충 '개미'를 뜻하는 것인지 '근심을 풀고 안심한다'라는 뜻의 '개미(開眉)'인지 혹은 아예 다른 뜻인지, '개미'만 보고서는 전혀 알 수 없습니다. 반대로 그림 문자 '🐜'은 의미로는 '(곤충인) 개미'를 가지고 있지만, 발음은 '개미'일지는 몰라도 영어권 사람들이 '🐜'를 본다면 'Ant'라고 발음할 것입니다. 이건 그림 문자가 표의문자이고, 표음문자는 아니기 때문이지요.

픽토그램의 대표적인 예로, 화장실 마크나 비상구 마크가 있습니다. 픽토그램은 국적과 언어는 달라도, 봤을 때 딱 그게 무엇을 의미하는지 이해하도록 만드는 데 목적이 있다는 특징이 있습니다.

픽토그램의 예

픽토그램은 1920년에 오스트리아에서 생겨난 것으로, 한국에서는 지식경제부 한국기술표준원의 주도로 2002 한·일 월드컵을 앞두고 픽토그램 표준화 작업을 추진했고, 2001년 지하철·화장실 등 30종, 2002년 버스·소화기 등 70종 등을 국가표준(KS)으로 제정했습니다.

아이콘

 아이콘은 어떤 사물의 개념을 심벌화하여 그림이나 기호로 표현한 것으로, 그리스어의 '그림' '기호'를 의미하는 단어 '이콘(icon)'에서 유래했습니다. 아이콘의 대표적인 예로는 컴퓨터의 폴더 아이콘이나 스마트폰의 카메라 앱 아이콘, 다운로드 기능이나 프린트 기능 아이콘 등이 있지요.

아이콘의 예

 픽토그램이 만들어진 국가나 사용하는 언어가 달라도 이해할 수 있도록 만들어진 것에 비해, 아이콘은 꼭 만인이 공통적으로 그 의미를 이해해야만 하는 것은 아닙니다. 어디까지나 대상을 심벌화하여 표현한 것에 불과하지요. 스마트폰의 앱 아이콘이 그 예입니다. Netflix나 Gmail 같은 유명한 앱은 많은 사람들한테 통하겠지만, 이용자가 한정된 마이너 게임의 앱 아이콘은 아는 사람이 몇 안 되겠지요.

일러스트

일러스트는 일러스트레이션의 준말로, '삽화'라고도 합니다. 그림책이나 소설 삽화, 상품 패키지 등 정보원이 되는 문장이나 물체를 시각적으로 표현하여 정보 전달을 돕지요.

그림과 일러스트는 보통 같은 것으로 취급되는 편이지만, 일러스트는 어디까지나 시각적인 표현의 보조적 역할이며, 그림은 그 자체가 표현의 주체라는 점에서 차이가 있습니다. 예를 들어, 피카소의 〈게르니카〉는 그 자체가 표현의 주체이므로 일러스트가 아니라 그림이 되지요. 반면에 소설의 삽화는 이야기의 뉘앙스나 상태를 표현하기 위해 그린 것이므로 일러스트라고 할 수 있습니다. 또한 일러스트는 일반적으로 픽토그램이나 아이콘에 비해 더 구체적으로 표현됩니다.

일러스트의 예

앞서 설명한 대로, 픽토그램과 아이콘과 일러스트는 혼동되어 사용될 때도 있고, 그 차이가 명확하지도 않습니다. **도해**의 요소 중에는 픽토그램이나 아이콘, 일러스트 등이 있다는 것을 이해하고, 실제로 **도해** 작성 시에 사용할 줄 안다면 그걸로 충분합니다.

도와 도해의 차이 ③ 방법 : 어떻게 만드는가? (How)

마지막으로 도와 도해를 '어떻게 만드는가?'라는 방법으로 비교해 봅시다.

도는 '아이가 생각나는 대로 마구 그린 도형의 집합체'도 포함되기 때문에, 그 방법에 있던 규칙이 거의 없습니다. 반면에 도해에는 도해로서 기능하기 위해, 다시 말해 어떤 정보를 풀어 제시하고 전달하기 위한 법칙이 있습니다. 이 책에서는 그것을 '분해의 문법'이라고 표현하고 있지요.

그럼 왜 '분해의 문법'일까요? 그건 도해의 영어 단어 'diagram'의 어원에서 유래합니다. diagram의 어원은 'dia'와 'gram'의 두 단어로 나눌 수 있어요.

'diagram'을 어원부터 뜻을 살펴보자면

dia에는 '~을 통과해서, ~을 가로질러서'나 '떨어져서~, 나뉘어서~'라는 의미가 있는데, 예를 들어 diameter에서는 dia(가로질러) + meter(측정하다)의 조합으로 위의 '지름'을 의미하기도 하고, dialysis는 '투석, 분리, 분해'를 의미하기도 합니다.

gram에는 '세게 긁다'나 '쓰다'라는 뜻이 있는데, graph도 같은 어원을 갖습니다. 예를 들어, telegraph는 tele(멀리) + graph(쓰다)의 조합으로 '전보'를 의미하고, grammar는 '문법, 말씨'를 의미하지요.

즉, diagram은 dia '가로질러, 나뉘어서' + gram '쓰다'의 조합으로 '도해'를 의미하는 영어 단어입니다. 어원에 맞춰 뜻을 보자면 '나누어 쓰다'가 되겠지요. 도해는 도에는 없는, 나누어 쓴다는 의도가 있고 나누어 쓰기 위한 법칙이 분해(dia)의 문법(gram)이라 할 수 있습니다.

구체적인 도해 만드는 법(분해의 문법)은 제3장 이후부터 설명하겠습니다.

도해의 정의

지금까지 도와 도해의 차이에 대해 목적(왜 만드는가), 요소(무엇을 사용하여 만드는가), 방법(어떻게 만드는가)이라는 세 가지 기준점을 통해 자세히 살펴보았습니다. 이러한 내용을 가지고 이 책에서는 도해를 다음과 같이 정의하고자 합니다.

도해란, '누군가가 빨리, 깊게, 정확히 이해하게끔 글자, 도형, 그림을 이용하여 분해의 문법에 따라 만든 도'이다.

'누군가가 빨리, 깊게, 정확히 이해하게끔'이 도해의 목적(Why)에, '글자, 도형, 그림을 이용하여'가 도해의 요소(What)에, '분해의 문법에 따라 만든'은 도해의 방법(How)에 해당합니다.

그럼 여기서 앞서 봤던 퀴즈를 다시 살펴봅시다. 퀴즈 내용은 '①~⑥까지의 그림을 도와 도해로 분류한다면, 어떤 것이 도이고 어떤 것이 도해일까요?'였습니다.

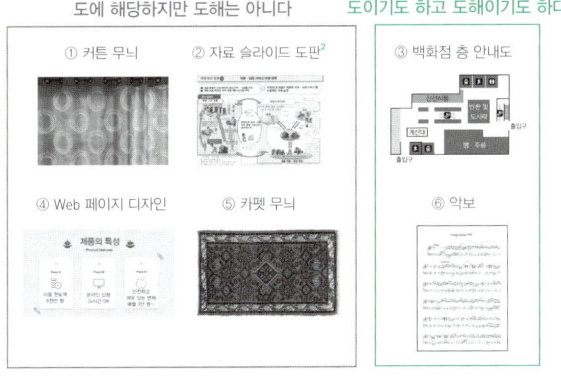

2 출처 : 일본, 후생노동성 「의료·간병 제도 개혁에 관하여」

사실 이 퀴즈의 질문을 조금 꼬아두었습니다. 도해는 도의 일부이므로 '도에 해당하지만 도해는 아닌' 것과 '도이기도 하고 도해이기도 한' 것으로 나눠보라는 내용이어야 했습니다.

그러면 '도에 해당하지만 도해는 아닌' 것에는 어떤 패턴이 있을까요? 크게 다음 세 가지 패턴으로 나눌 수 있습니다.

- 패턴 1 … '이해하게끔' 만들지 않았다
- 패턴 2 … '분해의 문법'에 따라 만들지 않았다
- 패턴 3 … 도형이나 그림이 '이해'를 촉진하지 않는다

패턴 1 … '이해하게끔' 만들지 않았다

퀴즈의 선택지 중 ① 커튼 무늬와 ⑤의 카펫 무늬가 패턴 1에 해당합니다. 이런 것들은 직감적으로 '도에 해당하지만 도해는 아닌' 것이라고 이해하기 쉬울 거예요. 도형이 사용되고 있으나 '이해하게끔' 해주려는 목적이 아니라 장식과 무늬로만 사용되고 있지요. 제작자 역시 도해를 의도하지 않았습니다.

'사물의 형상이나 형태를 그린 것'이라는 도의 정의에는 부합하지만, 이 무늬를 보고 어떤 것을 빠르고 깊고 정확하게 이해할 수 있는 것은 아니므로 도해가 아니라고 말할 수 있겠습니다.

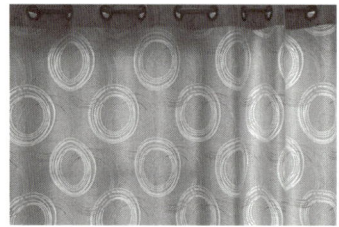

도형이 곳곳에 있는 커튼

기하학적인 무늬의 카펫

패턴 2 … '분해의 문법'에 따라 만들지 않았다

퀴즈의 선택지 중 ②의 자료 슬라이드 도판이 패턴 2에 해당합니다. 이해를 위해 만들어지긴 했으나 분해의 문법을 따르지 않았으므로 도해의 기본을 충족시키지 않아 알아보기 어려운 도가 된 상태입니다.

퀴즈를 낸 다음 바로 나왔던 질문 '어느 쪽이 더 빠르고 정확하게 내용을 이해할 수 있나요? 그리고 그 이유는 무엇인가요?'의 답이 여기에 있습니다.

어느 쪽이 빠르고 정확하게 내용을 이해할 수 있을까? 그리고 그 이유는?

② 자료 슬라이드 도판²

③ 백화점 층 안내도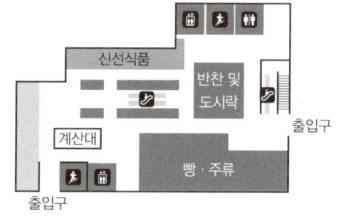

이 슬라이드의 도해는 안타깝게도 도해를 만들려고는 했으나 만들지 못한 상태입니다. 분해의 문법에는 순서와 기준이 있는데, 그 순서를 따르지 않아서 알아보기 어려운 도가 있는가 하면, 기준을 잘 따라 이해하기 쉬운 도도 있습니다. 자세한 내용은 3장에서 설명하겠습니다.

2 　출처 : 일본, 후생노동성「의료·간병 제도 개혁에 관하여」

패턴 3 ⋯ 도형이나 그림이 '이해'를 촉진하지 않는다

퀴즈의 선택지 ④의 웹페이지 디자인이 패턴 3에 해당합니다. 직감적으로는 '이해하기 쉽고 글자도, 도형도, 그림도 사용됐으니까 도해 아닐까?'라고 느낄지도 모릅니다. 실제로 도해라고 분류하는 웹사이트나 서적도 많을 거예요. 그렇지만 이 책에서는 이를 굳이 도해가 아니라 도로 분류함으로써, 도해 제작법에 재현성을 가지며 도해의 가치를 명확히 하고자 합니다.

그럼 왜 이 웹페이지 디자인은 도해가 아닐까요?

그 이유는 도형이나 그림이 문장과 조합되어 배치만 되어 있을 뿐이고, '시선끌기' '친숙함을 느끼게 하기' '장식하기'가 주된 목적으로 사용되고 있기 때문입니다. 바꿔 말하자면 '도형이나 그림이 없더라도 문장(조목별로 쓰기)만으로도 충분히 이해할 수 있는 정보'여서입니다.

퀴즈에서 나왔던 도를 구체적인 예로써 살펴봅시다.

이 **도**에는 흰색 사각형이나 각 Point에 아이콘이 사용되고 있지만, 사실 이 아이콘을 삭제하고 조목별로 쓴 문장만 남더라도 충분히 이해가 가능합니다.

▶ **제품의 특징**
- Point 1 이용 한도액 8천만 원
- Point 2 온라인 신청은 24시간 OK
- Point 3 안전하고 여유 있는 변제 매월 3만 원부터

문장만으로도 전할 수 있는 정보를 굳이 도형이나 그림을 사용해 전달하려 하면, 도형이나 그림은 결국 무늬나 꾸밈으로밖에 기능하지 못하게 됩니다. 왜냐하면 도형이나 그림의 주된 목적은 '시선 끌기' '친숙함을 느끼게 하기 상식아기'이기 때문이니까요.

따라서 '이해하기 쉬운 **도**이긴 하나 **도해**는 아닌 것'으로 취급하게 됩니다.

도해 정의의 가치

지금까지 도해의 정의에 대해서 자세히 살펴봤습니다. 그런데 이처럼 도와 도해의 정의를 알아두면 어떤 장점을 얻을 수 있을까요? 크게 두 가지로 나눌 수 있습니다.

첫째, 도해를 만들기 위해서는 '미적 센스'가 필요한 것이 아니고, 순서만 잘 따르면 누구든 만들 수 있다는 것을 깨달을 수 있다는 점입니다.

'④ 웹페이지 디자인'에는 일부에 세세한 장식이나 꾸밈이 들어가 있었습니다. 이걸 보고 '역시 미술 대학이나 전문학교를 졸업해야 해' '난 그림을 못 그리니 센스가 없겠네'라고 느끼는 사람이 있을지도 모릅니다.

그러나 이 책에서는 ④를 도해가 아니라 도로 취급하고 있습니다. 즉, '장식을 넣고 꾸밀 줄 아느냐는 도해 제작 능력에 아무런 영향을 주지 않는다'라는 주장을 하고 있는 것이지요.

도해에서 제일 중요한 '이해하기 쉬운가'에서는 장식이나 꾸미기 여부는 상관없습니다. 좋은 도해란 무엇인가를 알고, 좋은 도해를 만들기 위한 법칙을 따라 제작하면 누구든 이해하기 쉬운 도해를 만들 수 있습니다. 이 책에서 도해란, 재현성을 가진 표현 수단입니다.

둘째, 세상에 있는 '디자인'이나 '도'에 대한 시각이 달라진다는 점입니다. 이 책에서 다룬 도해의 정의에는 Why, What, How의 모든 것이 포함되어 있습니다.

그래서 '② 영업 자료 슬라이드 도판'은 도해가 아니라 도로 취급하지요. 이해를 구한다는 목적(Why)은 충족할지 몰라도 '분해의 문법'을 따라 만들지 않았다, 즉 How가 충족되지 않았기 때문입니다.

이처럼 도해를 Why, What, How라는 시점에서 다면적으로 이해하면, 세상에 차고 넘치는 디자인이나 도를 '참 멋지네' 정도로 얕게 이해하는 것이 아니라 '이 디자인은 여기에 이런 도형을 사용하는구나. 분명 어떤 목적이 있겠지'라거나 '이 도는 이 부분에 이런 기술을 사용해서 알기 쉬운 거구나'와 같이 한층 깊게 관찰할 수 있게 됩니다.

그럼 다시금 도해의 정의를 도와 비교하는 것으로 마무리해 봅시다.

도해란, 도의 일부이며 '이해하게끔' 한다는 목적하에서 '분해의 문법'에 따라 그려진 도를 의미한다

	도 Figures	도해 Diagram
목적 Why	있을 때도 있고, 없을 때도 있다	'이해시킨다(=풀어 제시한다)'라는 목적이 있다
요소 What	글자, 도형(Figure), 그림	글자, 도형(Figure), 그림
방법 How	특별히 없음	'분해(Dia)의 문법(gram)'을 따라 만든다

제2장부터는 도와 도해의 두 가지 차이인, '이해하게끔' 한다는 목적과 '분해의 문법'에 따라 만들어야 한다는 점을 각각 자세히 살펴봄으로써 도해의 본질과 제작법이 무엇인지 알아봅시다.

제 2 장

도해의 Why & What ②

'알기 쉬운 도해'를 정의하다
좋은 도해란 무엇인가? 도해의 문법

알기 쉬운 도해, 즉 '좋은 도해'란 무엇일까요?
이 장에서는 '안다' '전하다'에 대해 깊이 알아보고
도해의 본질에 접근하고자 합니다.
'좋은 도해' '나쁜 도해'의 판단 기준도 익힙니다.

제2장의 개요를 도해로 표현하기

좋은 도해를 만들려면 좋은 분해가 필요하다

— 좋은 도해란? —

무엇을 가지고 '좋다'고 하는지는 사람마다 그 가치 기준이 다르다.

∨

이 책에서는
'목적이 달성된 도해 = 좋은 도해' 라고 본다.

차이를 두기 쉽게 하려면, **좋은 분해** 가 필요

— 좋은 분해란? —

인간의 눈이나 뇌가 이해하기 쉽게 (=차이를 두기 쉽게) **나누는 방법**

→ 나누는 방법에는 일정한 법칙, 규칙, 문법이 있다.

※ 문법에 대해서는 3장에서

도해의 핵심은 분해의 문법에 있다

도와 도해의 차이에는 크게 두 가지가 있습니다.

'도'와 '도해'의 차이, 도해의 정의

	도 Figures	도해 Diagram
목적 Why	있을 때도 있고, 없을 때도 있다	'이해시킨다(=풀어 제시한다)'라는 목적이 있다
요소 What	글자, 도형(Figure), 그림	글자, 도형(Figure), 그림
방법 How	특별히 없음	'분해(Dia)의 문법(gram)'을 따라 만든다

도해에는 그걸 보는 상대방에 따라 내용을 '이해시킨다'라는 명확한 목적이 있습니다. 다시 말하자면 목적 없이 그린 도는 도해라고 부를 수 없지요. '이 도를 통해 나는 무엇을 전달하고 싶은가?' '이 도를 통해 상대방이 어떤 것을 알게 하고 싶은가?'를 의식해서 작성해야 합니다.

도해는 그 '이해시키기'라는 목적을 달성하기 위해 '분해(dia)의 문법(gram)'에 따라 만들어집니다. 분해의 문법에 대한 자세한 내용은 후에 설명하겠습니다. 여기서는 '도해는 분해의 문법에 따라 만들어야 한다' '분해의 문법을 따르지 않으면 도해가 아니라 도가 된다'라는 점을 알고 가세요.

제2장에서는 도와 도해의 차이 중 '도해에는 이해시키려는 목적이 있다'라는 점에 대해 자세히 살펴봅시다.

● 이해란?

그럼 여기서 질문입니다. '이해시키려는 목적이 있다'라고 했는데, '이해'란 무엇일까요? 사전에서 '이해'를 검색해 보면, 다음과 같은 뜻이 나옵니다.

▶ 이해【理解】
① 사물의 도리를 깨닫는 것. 의미를 이해하는 것. 사물을 아는 것.
  문장의 의미를 **이해**하다(文意を**理解**する)
② 사람의 기분이나 입장을 잘 아는 것.
  이해심 있는 선생님(**理解**のある先生)
  관계자의 **이해**를 구하다(関係者の**理解**を求める)

또는 다른 사전에서는 다음과 같이 나옵니다.

▶ 이해【理解】
① 사물의 도리나 사리를 올바르게 아는 것. 의미나 내용을 깨달아 아는 것.
  이해가 빠르다(**理解**が早い)
② 남의 입장이나 기분을 잘 헤아림.
  그의 괴로운 처지를 **이해**한다(彼の苦境を**理解**する)
③ 「깨달음(了解)」과 같은 뜻.

사전의 정의가 모두 정답이라고 할 수는 없지만, 어쨌든 이해라는 단어에는 사물의 도리나 의미, 내용을 안다는 뜻과 남의 기분이나 감정, 입장을 안다는 뜻, 두 가지로 나뉘어 있는 것으로 보입니다. 단적으로 표현하자면 '이해란 아는 것'이라고 할 수 있겠습니다.

아까 도해에는 '이해시키려는 목적이 있다'라고 했는데, 도해로 사람의 감정이나 입장을 표현하는 일은 거의 없겠지요.

● 좋은 도해란?

그렇다면 도해에는 '사물의 도리나 의미, 내용을 알게 하는 데 목적이 있다'라고 할 수 있습니다.

다름에는 다른 시점에서 생각해 봅시다. '좋은 도해'란 무엇일까요?

일반적으로 무엇을 가지고 좋다고 하는지는 사람 각각의 가치 기준에 따라 다릅니다. 집을 예시로 들어 봅시다. 보통 '좋은 집에 살고 싶다'라고 해도 '넓은 게 최고다. 넓으면 넓을수록 좋은 집이다' '살기 좋은지 종합적으로 판단하고, 거기에 금액이 저렴한 집이 좋은 집이다' '내진 구조가 뛰어난 집이 좋다' 등등 기준은 제각각일 겁니다.

'좋다'의 기준은 사람마다 다르다

도해도 마찬가지입니다. '좋은 도해를 그리고 싶다'라고 했을 때, '상대방이 보고 감동하는 도해가 좋은 도해다'라고 하는 사람이 있는가 하면, '보기에도 색과 모양새가 아름답고 잘 정돈된 도해가 좋은 도해다'라고 하는 사람도 있을 겁니다.

그렇지만 '당신이 그리고 싶은 도해야말로 좋은 도해입니다!'라고 단언하면 혼란만 더하기 때문에, 이 책에서는 좋은지 아닌지 판단 기준을 '목적이 달성됐는지 아닌지'로 범위를 좁혀 나아가고자 합니다. 좋은 도해 = '목적을 달성할 수 있는 도해'인 거예요.

도해의 목적은 '사물의 도리나 의미, 내용을 알게 하는 것'이므로, 좋은 도해는 '사물의 도리나 의미, 내용을 알기 쉽게 하는 도해' 즉 '좋은 도해 = 알기 쉬운 도해'가 됩니다.

한 가지 더 생각해 봅시다. 도해의 목적은 이해하게끔 하는 것입니다. 이해하게 하는 것은 알게 하는 것이지요. 그리고 좋은 도해란 알기 쉬운 도해입니다. 그럼 그 '알기 쉬움'이라는 것은 무엇일까요? 또한 '알다'란 무엇일까요? 좋은 도해를 만들려면 '알기 쉬움'에 대해 먼저 이해해야 합니다.

알기 쉬움은 나누기 쉽다는 뜻이다

'알다'를 사전에서 검색해 보았습니다.

▶ ▶ 알다【分(か)る／▽解る／▽判る】
① 의미나 구별 등을 확실히 하다. 이해하다. 터득하다.
　　물건의 좋고 나쁨을 **알다**(物のよしあしが**分かる**)
　　하려는 말을 잘 **알다**(言わんとすることはよく**分かる**)
　　영문을 알 수 없다(訳が**分からない**)
② 사실 등이 밝혀지다. 판명되다
　　신분이 **판명되다**(身元が**分かる**)
　　답이 **밝혀지다**(答えが**分かる**)
　　주인을 알 수 없는 짐(持ち主の**分からない**荷物)
③ (상대의 입장 및 사정을) 잘 헤아린다. 세상 물정을 잘 안다
　　말이 **통하는** 사람(話の**分かる**人)
④ 하나의 것이 따로 헤어지다. 갈라서다.

③은 '이해가 빠른 사람'이라고 할 때 쓰는 비유적인 표현이고 ④는 알다의 뜻이라기보다는 갈라진다는 뜻이므로, ①과 ②에 주목해 봅시다. 그러면 '알다'는 '의미나 구별, 사실 등을 확실히 한다'라는 것을 가리킴을 알 수 있습니다. '확실히'란 '다른 것과 혼동되는 일 없이 명료한 모습. 모호하지 않고 명확한 모습'을 가리키는 단어이므로, '다른 것과 나눌 수 있다'라는 의미가 있습니다.

정리해 보자면 '안다는 것은 나누는 것'이라고 말할 수 있겠지요. 안다는 것은 나누는 것. 알기 쉽다는 것은 나누기 쉽다는 것. '알았다'라는 건 '다른 것과 나누었다'라는 뜻입니다.

'안다는 것은 나누는 것'을 감각적으로 이해하기 위해 여기서 누구나 해봤을 법한 경험을 떠올려 봅시다. 유치원이나 초등학교에 다닐 때, 갑자기 뒤에서 누가 다가와 내 눈을 가리며 "누구게?"라고 말했던 경험이 있지 않나요?

바로 이때 우리의 뇌는 '눈을 가린 친구가 자신이 누구인지 맞히는 게임'을 통해 '누구인지 알기 위해 나누는' 작업을 하게 됩니다. 이게 어떤 것인지 자세히 설명하겠습니다.

우선 누군가가 내 눈을 가리며 "누구게?"라고 했을 때, 당신은 그 말을 한 사람이 누구인지 파악하려고 '머릿속의 후보 리스트'를 만듭니다. 여덟 명의 친구 후보 리스트가 있습니다.

머릿속의 후보 리스트 ①

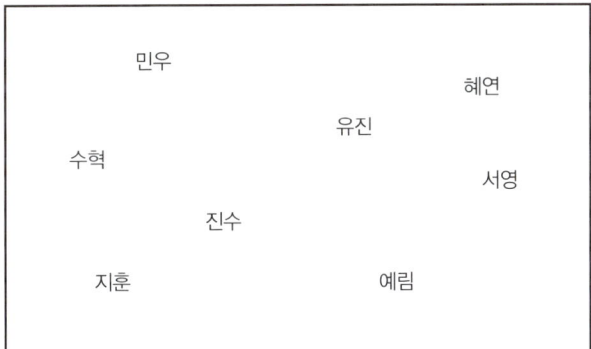

그러고 나서 다음에 당신은 말한 사람이 누구인지 알기 위해 여러 기준을 따라 머릿속의 후보 리스트에 있는 친구들을 나누어봅니다. 나누는 기준은 예를 들어, 친구의 목소리나 손의 감촉, 시간, 장소, 관계성 등입니다.

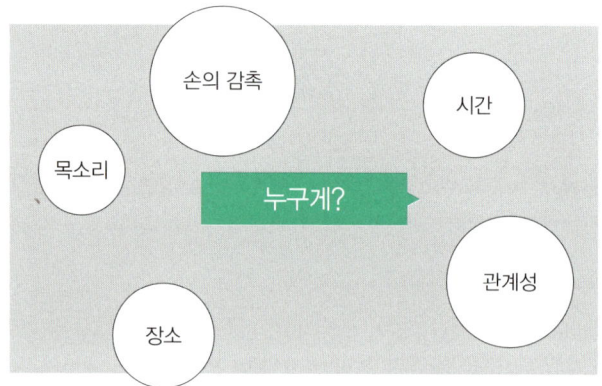

예를 들어, 처음에는 "누구게?"라는 목소리의 음역이나 자신의 눈에 닿는 손의 촉감 및 크기를 통해 '아무래도 여자애인 것 같은데?'라고 판단했다고 칩시다. 즉 '목소리와 손의 감촉'이라는 판단 기준에 따라 머릿속의 후보 리스트에 남을지 남지 않을지가 나뉘게 되는 겁니다. 여기서는 후보 리스트에 남는 친구로는 '혜연, 유진, 서영, 예림', 남지 않는 친구는 '민우, 수혁, 진수, 지훈'으로 각각 나뉘게 됩니다.

머릿속의 후보 리스트 ②

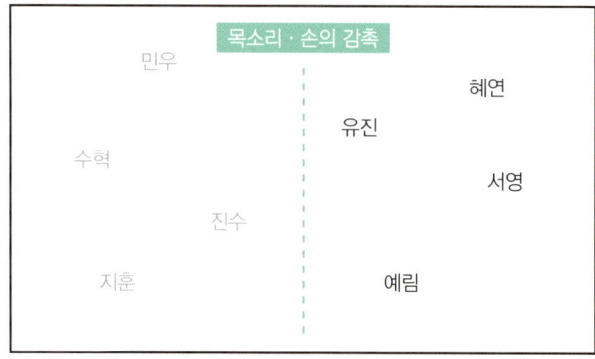

다음은 "누구게?"라는 말을 들었을 때의 시간에 주목해 봅니다. 지금은 수업이 끝나고 이제 막 쉬는 시간이 된 때입니다. 당신은 다른 반 친구인 예림이가 우리 반에 와서 내 눈을 가리려면 시간적으로 어려울 거라고 판단했어요. 그러면 이번에는 '시간'이라는 판단 기준에 따라 '예림'이 머릿속 후보 리스트에서 사라지게 됩니다.

머릿속의 후보 리스트 ③

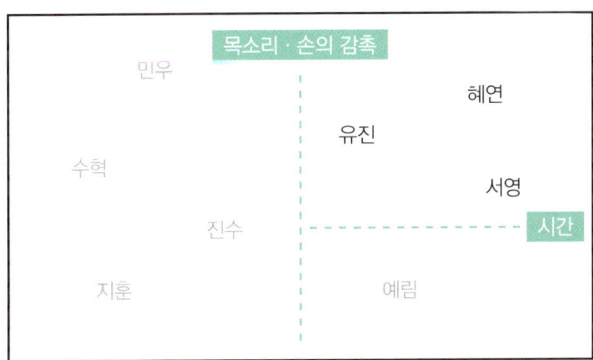

마찬가지로 '유진이는 내 눈앞에 앉아 있으니까 아니다' '서영이는 친구지만 이런 짓을 할 애는 아니다' 등 여러 판단 기준에 따라 머릿속의 후보 리스트를 좁혀서, 후보의 수가 한 명(여기서는 혜연)이 됐을 때 '혜연임을 알았다'가 되는 것입니다.

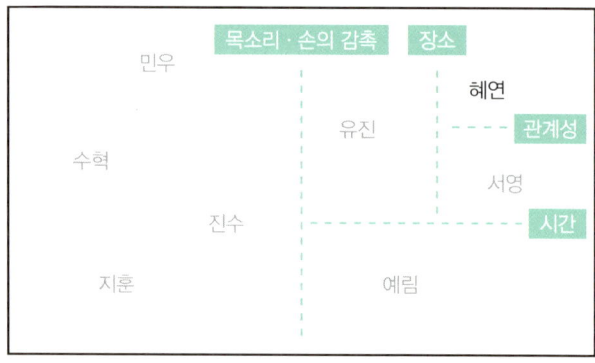

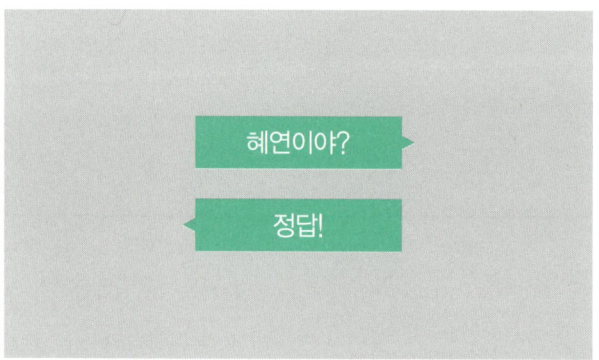

후보는 좁힐 수 있어도 한 명으로 좁히지 못할 경우라면, 어디까지 나눌 수 있는지는 알겠는데 그 이후로 어떻게 나눠야 좋을지 모르겠다가 됩니다. 즉, 후보로 '혜연, 서영'이 남긴 했으나 그 이상 나눌 만한 판단 기준이 없는 경우라면 '혜연인지 서영인지 알 수 없다'가 되는 것이지요. 반대로 말하자면 '혜연인지 서영인지까지는 알았다(=나눌 수 있었다)'라는 뜻이기도 합니다.

'안다는 것은 나누는 것'이라는 뜻이 어떤 건지 감이 잡혔나요?

나누기 쉬움은 차이를 두기 쉽다는 뜻이다

좀 더 나아가 생각해 봅시다. '나누기 쉬움'이란 무엇일까요? 여기서 주의해야 할 것은 나누기 쉬움에서는 어떤 대상을 완전히 똑같이 나눌 때의 나누기 쉬움과 전혀 다른 것을 나눌 때의 나누기 쉬움, 이 두 가지 종류가 있다는 점입니다.

전자의 예를 들자면, 홀 케이크를 사 왔을 때 케이크를 4등분이면 나누기 쉽고, 5등분이면 나누기 어렵다는 의미에서 나누기 쉬운 정도를 따진 것입니다. 이는 균등하게 나눌 때의 나누기 쉬움, 즉 등분에 있어서 나누기 쉬움에 대한 것을 의미하며, 가능한 동일하게 나눈다는 의도가 들어 있어요. 하지만 이는 도해에 있어 이해하기 쉽다, 알기 쉽다와는 전혀 다른 문맥에서 사용되는 것이므로 여기서는 그냥 넘어갑시다.

도해에서 쓰이는 나누기 쉬움은 바로 후자에 해당합니다. 다시 말해, 어떤 대상을 다른 것으로서 나눈다, 즉 분별에 있어 나누기 쉬움이며 균등에서의 나누기 쉬움과는 구별됩니다. 지금까지 살펴보면서 나누기 쉬움이란 무엇인가에 대한 답이 뭔지 알아차렸을지도 모르겠네요.

최대한 확실히, 다른 것과 혼동되는 일 없이 명료하게, 모호하지 않고 명확하게 분별하려면 어떻게 하면 좋을까요?

네, 그건 바로 차이를 두는 것입니다. 나눈다는 것은 어떤 것과 다른 것 사이에 차이를 둔다는 뜻입니다. 즉, 나누기 쉬움은 차이를 두기 쉽다는 의미이지요. 그게 무슨 뜻인지 예를 들어보겠습니다.

상자에 많은 양의 사과와 많은 양의 귤이 들어 있다고 하고, 당신은 '사과와 귤을 나누어 각각 다른 상자에 담아달라'는 요청을 받았다고 가정해 봅시다.

아마 당신은 별 어려움 없이 쉽게 상자에서 사과와 귤을 꺼내 '이건 사과' '이건 귤'이라며 각기 다른 상자 안에 넣을 수 있을 것입니다. 왜 그렇게 간단히 작업할 수 있느냐면 사과와 귤의 차이를 이해하기 쉬우니까, 나누기 쉬우니까, 차이를 두기 쉬우니까 그렇습니다. 사과와 귤은 색도 다를 뿐만 아니라 크기도 다릅니다. 무게도 다르고 형태도 다르지요. 차이가 확실합니다.

그럼 사과가 아니라 '병아리를 암수로 나눠달라'라고 요청을 받으면 어떻게 될까요?

갓 태어난 병아리는 감정 전문가가 필요할 정도로 외형도, 색도, 크기도, 무게도, 몸매도 초보자가 구분하기에는 정말 쉽지 않습니다. 물론 한 마리, 한 마리 미미한 차이는 있겠지만, 그게 암컷과 수컷에 따른 차이인지 아니면 그 개체의 개성에 의한 차이인지는 모를 거예요.

'나누기 쉬움은 차이를 두기 쉽다는 뜻이다'라는 뜻이 어떤 것인지 이제 감을 잡으셨나요?

나누기 쉽도록 정보를 분해한다

그럼 여기까지 한 이야기를 정리해 봅시다. 도해의 목적이란 상대방을 이해하게끔 하는 것입니다. 이해한다는 것은 아는 것이지요. 알기 쉬운 것은 차이를 두기 쉽다는 뜻입니다. 그렇다면 도해의 목적을 달성하는 것, 다시 말해 알도록 하려면 상대방이 그 정보를 나누기 쉽도록 차이를 두기 쉽도록 표현해야 합니다.

그리고 차이를 두기 쉬운 표현으로 만들기 위해 하는 것이 바로 분해입니다. 도해에서 분해는 인간(의 눈과 뇌)이 이해하기 쉬운지(=차이를 두기 쉬운지)라는 기준에 맞추기 위해 일정한 법칙 및 규칙, 다시 말해 문법이 있습니다.

도해의 목적

도해의 목적 = 상대방이 이해하게끔 하는 것

　　　　　　상대방이 알게 하는 것

　　　　　　상대방이 나누게 하는 것

　　　　　　상대방이 차이를 두게 하는 것

차이를 두기 쉽게 하려면, **"분해"**가 필요

여기서 다시금 도와 도해의 차이, 그리고 도해의 정의를 살펴봅시다.

'도'와 '도해'의 차이, 도해의 정의

	도 Figures	도해 Diagram
목적 Why	있을 때도 있고, 없을 때도 있다	'이해시킨다(=풀어 제시한다)'라는 목적이 있다
요소 What	글자, 도형(Figure), 그림	글자, 도형(Figure), 그림
방법 How	특별히 없음	'분해(Dia)의 문법(gram)'을 따라 만든다

도해의 정의

도해란 … 「누군가를 빠르고, 심도 있고, 정확하게 이해시키도록
　　　　　그림, 도형, 그림을 이용해서
　　　　　분해(dia)의 문법(gram)에 따라 만든 도이다.」

도해의 목적(Why)과 요소(What), 수단(How), 그리고 정의가 어떻게 연결되는지 더 명확히 보이게 됐나요?

정보 나누는 법에는 문법이 있다

앞서 '도해에서 분해는 인간(의 눈과 뇌)이 이해하기 쉬운지(=차이를 두기 쉬운지)라는 기준에 맞추기 위해 그 분해 방법에 일정한 법칙, 규칙, 문법이 있다'라고 했습니다.

인간의 눈이나 뇌는 매우 뛰어나서 다양한 기능을 갖추고 있습니다. 도해를 인간의 눈이나 뇌의 기능에 맞는 형태로 표현하면 상대방은 '이해하기 쉽다'라고 느끼지만, 반대로 눈이나 뇌의 기능과 맞지 않는 형태로 표현하면 상대방은 '이해하기 어렵다'라고 느끼게 됩니다. 눈과 뇌가 도해를 이해하기 위한 처리를 혼란스러워하기 때문이지요.

그래서 이 '인간의 눈이나 뇌의 기능에 맞는 형태'로 하기 위한 표현 방법, 분해(dia)의 문법(gram)과 분해의 문법에 따른 기본적인 도해 만드는 법의 흐름을 제3장부터 자세히 설명하겠습니다.

도해를 만들기 위해 할 일은 '정리하기' '정돈하기' '도화하기' 세 가지뿐입니다. 이 세 가지 작업을 '눈에 따르기' '뇌에 따르기'라는 두 가지 기준, 분해의 문법에 따라 진행하는 것이 도해 만드는 법의 전체 내용이라 할 수 있습니다.

[보강]

'안다'와 '이해하다'의 차이

 일본어에서는 '알다(わかる)'와 '이해하다(知る)'의 의미가 약간 차이가 있는데, 이 차이를 설명할 수 있나요? 평소에는 의식하지 않고 구분해 쓰고 있지만, 막상 설명하려고 하면 어려운 것이 바로 '알다(わかる)'와 '이해하다(知る)'입니다.[8]

 지금까지 설명한 것처럼 '알다(わかる)'는 '나누는 것'입니다. 여기서 '알다(わかる)'란, 어떤 정보를 이해하고 다른 정보와 나눌 수 있게 되는 것을 가리킵니다. 불명료한 정보와 정보의 경계선이 명확한 상태로 변화하는 것이지요. 머릿속에 있는 정보를 나눌 수 있으면 '알다(わかる)'가 되고, 나눌 수 있는 상태라면 '알고(わかる) 있다'가 됩니다.

 한편, '이해하다(知る)'는 새로운 지식을 얻는 것입니다. 지식 및 정보 자체가 없던 상태에서 지식 및 정보가 있는 상태로 변하는 것이지요. 머릿속에 새롭게, 지금까지 없었던 정보를 넣는 것이 '이해하다(知る)'이며, 정보를 넣고 유지하는 상태가 '이해하고(知る) 있다'가 됩니다. 재미있게도 '알다(わかる)'와 '이해하다(知る)'에는 사용법에도 미세한 차이가 있어요.

---

8 (역주) 한국어에서는 '알다'와 '이해하다'가 별다른 구분 없이 혼용되는 경우가 많지만, 일본어에서는 '知る(시루)'와 'わかる(와카루)'를 명확히 구분하여 사용한다. 이 책에서는 원서의 이러한 개념적 구분을 존중하여 각각의 의미 차이를 그대로 살려 설명하였다.

	이해하다(知る)	알다(わかる)
0%	알지 못한다(知らない)	알지 못한다(わからない)
50%	알아가고 있다(知ってきている)	알아가고 있다(わかってきている)
100%	알고 있다(知っている)	알고 있다(わかっている)
0%	알지 못하게 된다(知らなくなる)	알지 못하게 된다(わからなくなる)

예를 들어 '알다(わかる)'는 단계적인 변화를 드러낼 수 있습니다. 머릿속에 있는 정보를 전혀 나눌 수 없는 상태(0%)에서부터 완전히 나눌 수 있는 상태(100%)에는 단계가 있어서 '서서히 알아가고 있다'와 같은 중간 상태를 나타내는 방식으로 단어를 쓸 수 있지요.

반면에 '이해하다(知る)'는 단계적인 변화는 드러내지 못하고, 순간적인 변화밖에 표현하지 못합니다. 머릿속에 있는 정보가 없거나(0%) 혹은 있거나(100%)의 두 가지 상태밖에 없어서 '서서히 알아가고 있다'와 같은 중간 상태를 드러내는 방식으로 단어를 쓸 수 없습니다.

또한 '알다(わかる)'는 지금까지 나눌 수 있었던 것을 나눌 수 없게 된 상태 변화를 드러낼 수 있습니다. '전에는 알았지만, 지금은 알지 못하게 됐다'라는 정보 구별을 잃은 상태를 표현할 수 있지요.

그러나 '이해하다(知る)'는 지금까지 획득, 유지해 왔던 지식을 잃어버린 상태 변화를 드러낼 수 없습니다. '전에는 알고 있었지만, 지금은 알지 못하게 됐다'라고 표현할 수 없지요. 정보를 잃은 경우, '알지 못하게 됐다'가 아니라 '잊었다'라고 씁니다.

이처럼 여러분이 평소에 의식하지 않고 쓰는 '알다(わかる)'와 '이해하다(知る)' 사이에도 명확한 차이가 있습니다.

제 3 장
도해의 How

도해화를 위한 사고 과정
'도해의 문법'과 '도해 작성의 3단계'

도해를 만들 때 알아두어야 하는 '도해의 문법'에 대해
구체적인 과정을 따라가면서 설명하겠습니다.
그리고 '도해 작성의 3단계'와 '알기 쉬운' 정도를 판별하는
두 가지 기준을 소개하고자 합니다.

제3장의 개요를 도해로 표현해 봤다

도해 작성의 요령 '분해의 문법'

'분해의 문법'은 세 가지 순서, 두 가지 기준으로 구성되어 있다

Step. 1 정리하기 ..... 문장 → 조목별로 쓰기
도해의 목적에 불필요한 요소나 관계를 버린다.

Step. 2 정돈하기 ..... 조목별로 쓰기 → 표
요소나 관계를 어떤 기준점에 따라 풀어내 가다듬는다.

Step. 3 도화하기 ..... 표 → 도해
요소나 관계를 글자, 도형, 그림으로 변환한다.

Criteria. 1 눈을 따른다 ..... 폰트 사이즈, 콘트라스트, 색각 다양성
눈이 감각으로 받아들일 수 있도록 만든다.

Criteria. 2 뇌를 따른다 ..... 콘트라스트, 게슈탈트, 착시, 시선 유도, 멘털 모델
뇌가 지각하고 인지하기 쉽게 만든다.

알기 쉬운 도해의 축, '분해의 문법'이란?

그럼 제3장부터는 구체적인 도해 만드는 법인 '분해의 문법'을 설명하겠습니다. 문법이라고 하면 고전 문학이나 영문법같이 세밀한 규칙이 있을 것 같지만, '분해의 문법'은 아주 간단합니다. 순서는 오직 세 가지, 그리고 그 순서로 나아가기 위한 기준이 두 가지입니다.

분해의 문법의 순서는 도해를 만들기 위해 하는 '정리하기' '정돈하기' '도화하기' 이 세 가지를 일컫습니다. 예를 들어 아무리 복잡한 도해라고 해도 여기서 할 일은 '정리하기' '정돈하기' '도화하기' 이 세 가지뿐입니다. 이것을 여러 번 반복하면 됩니다.

그리고 분해의 문법, 다시 말해 정리, 정돈, 도화할 때의 판단 기준이 '눈을 따른다'와 '뇌를 따른다' 이 두 가지가 됩니다. 그리고 목적에 따라 정리나 정돈, 도화한다는 것을 전제로 한 다음, 인간의 눈과 뇌가 도해의 정보를 포착하여 이해하기 쉽게 만들어 나가야 해요.

도해의 '분해의 문법'

Step 순서	① 정리하기	② 정돈하기	③ 도화하기
Criteria 기준	① 눈을 따른다	② 뇌를 따른다	

세상은 요소와 관계로 이루어져 있다

구체적인 순서를 해설하기 전에 전제가 될 지식부터 살펴봅시다. 그것은 대상은 물론이요, 세상은 요소(Element)와 관계(Relationship)라는 두 종류의 정보 조합으로 성립되어 있다는 점입니다.

요소는 '어떤 것을 성립시키는 내용'이고, 관계는 '두 가지 이상의 요소가 서로 연관된 것'을 가리킵니다. 사전을 찾아 보면, 다음과 같은 정의가 나옵니다.

▶ **요소【要素】**
① 어떤 것을 성립시키는 기본적인 내용이나 조건.
 위험한 **요소**를 포함한다(危険な**要素**を含む)
 범죄를 구성하는 **요소**(犯罪を構成する**要素**)
② 사물을 분석했을 때, 그 이상 더 간단하게 나눌 수 없는 성분.
 색의 3**요소**(色の三**要素**)
③ 법률 행위나 의사 표시 내용에서 그 의사를 표시한 자에게 중요한 의미를 가지는 부분.
④ 수학에서 집합을 만드는 하나하나의 것. 원(元)

▶ **관계【関係】**
① 두 가지 이상의 사물이 서로 관련이 있음. 또, 그런 관련.
 사건의 전후 **관계**를 통해 판단한다(前後の**関係**から判断する)
 사건에 **관계**한다(事件に**関係**する)
② 어떤 것이 다른 것에 대해 영향을 미치는 것. 또, 그 영향.
 기압으로 **인해** 이명이 들린다(気圧の**関係**で耳鳴りがする)
 나라의 장래에 **영향**을 끼치는 문제(国の将来に**関係**する問題)
③ 사람과 사람의 사이. 또는 연고.
 그 사람과는 어떤 **사이**입니까?(あの人とはどういう**関係**ですか)
 우호 **관계**를 맺다(友好**関係**を結ぶ)
 아버지의 **연고**로 입사하다(父親の**関係**で入社する)
④ 남녀 간의 정교(情交)
 유부녀와 **관계**를 갖다(人妻と**関係**をもつ)
 처자식이 있는 남자와 **관계**를 맺다(妻子のある男性と**関係**する)

⑤ (다른 명사 뒤에 붙은 접미어로) 그 방면. 그런 영역.
　음악 **관련** 일(音楽**関係**の仕事)
　아웃도어 **관련** 잡지(アウトドア**関係**の雑誌)

여기서는 일본의 전래동화 『모모타로(복숭아동자)』를 예로 요소와 관계의 구체적인 예를 살펴보겠습니다. 모모타로에 등장하는 요소, 즉 모모타로를 성립시키는 내용에는 다음과 같은 것이 있습니다.

> 모모타로, 할아버지, 할머니, 산, 강, 복숭아, 수수팥떡, 개, 원숭이, 꿩, 도깨비, 도깨비섬

반대로 아래는 모모타로의 요소가 아닙니다. 모모타로에는 나오지 않는 것들이지요.

> 긴타로, 남동생, 여동생, 계속, 바다, 사과, 마들렌, 말, 고릴라, 유령

다음으로 『모모타로』에 등장하는 관계, 다시 말해 『모모타로』에 등장하는 요소끼리 어떻게 관련되어 있는지 보면 다음과 같이 됩니다.

- 모모타로와 복숭아의 관계 : 모모타로는 복숭아에서 태어났고, 복숭아는 모모타로가 태어나는 장소.
- 모모타로와 개의 관계 : 개는 모모타로를 따르고, 모모타로는 개와 함께 길을 떠난다.
- 개와 원숭이와 꿩의 관계 : 세 마리 모두 모모타로를 따르고, 개 → 원숭이 → 꿩의 순서대로 합류하게 된다.

반대로 이하는 모모타로와 아무런 관련도 없습니다.

- 모모타로는 복숭아를 먹는다.
- 도깨비는 수수팥떡을 먹는다.
- 할머니는 산으로 간다.

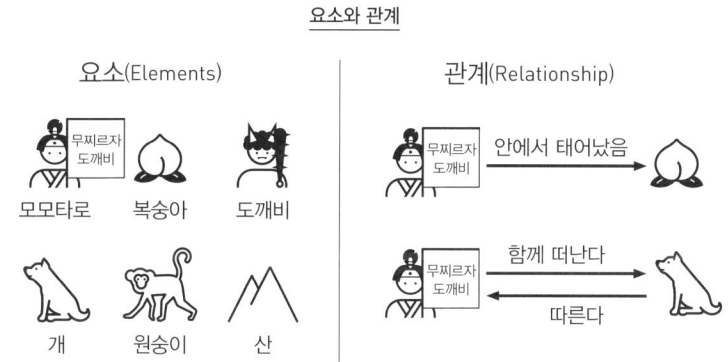

요소와 관계

이처럼 『모모타로』라는 이야기는 요소와 관계의 조합으로 성립되어 있습니다. 모모타로 자체도 요소이지요. 요소는 몇 가지의 요소와 관계의 조합으로 성립되어서, 마치 마트료시카처럼 착착 안에 담기는 구조로 되어 있습니다. 예를 들어 인간이라는 요소는 머리와 상반신, 하반신이라는 세 가지 요소가 위치 관계의 조합에 따라 성립되어 있고, 머리는 눈, 코, 입, 귀의 조합으로 성립되어 있는 것처럼요.

그럼 여기서 속성(Attribute)에 대해서도 추가로 살펴봅시다. 속성이란 '요소 각각이 가진 특성, 성질'이며, 요소를 보충하기도 하고 요소를 분류할 때의 참고가 되기도 합니다. 그 이외에도 라벨(Label)을 붙이는 방법도 있습니다.

예를 들어, '모모타로, 할아버지, 할머니'라는 요소는 '이름'과 '성별'이라는 속성을 갖고 있습니다. '성별'이라는 속성을 쓰면 모모타로와 할아버지는 남성, 할머니는 여성으로 분류할 수 있지요. 또한 '모모타로, 할아버지, 할머니, 산, 강'이라는 요소에 대해서는 '생물'이나 '무생물'이라는 라벨을 붙임으로써 모모타로와 할아버지, 할머니를 '생물'로, 산과 강을 '무생물'로 분류할 수 있습니다.

이처럼 속성이나 라벨은 요소의 분류에 있어 큰 도움이 됩니다.

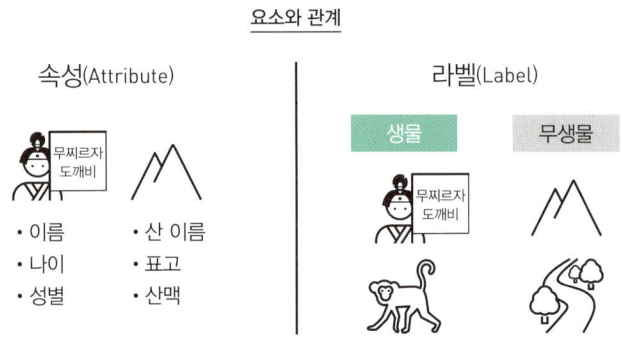

요소와 관계

요소와 관계가 어떤 것인지 이제 알겠나요?

요소는 내용 그 자체, 문장에서는 명사로 표현됩니다. 한편, 관계는 요소와 요소의 연결로, 문장에서는 동사로 표현됩니다.

문장은 '무엇이 어떻게 하는가'의 연속으로, 정보를 표현하고 있습니다. '무엇'이 명사이므로 요소, '어떻게 하는가'가 동사이므로 관계에 해당하지요. 즉, 문장은 요소와 관계를 문자라는 요소를 사용해서 표현한 것입니다. 그리고 도해는 요소와 관계를 '글씨, 도형, 도'의 세 가지를 사용해서 표현한 것이지요.

앞서 '개는 모모타로를 따른다'라는 문장은 '개' '모모타로'라는 요소가 '따른다'라는 관계를 가진다는 정보를 문자로 표현하고 있습니다. 이를 도해로 만들자면, 예를 들어 '개'와 '모모타로'는 글자나 원으로, '따르다'는 '따름'이라는 글자와 화살표로 드러낼 수 있겠습니다.

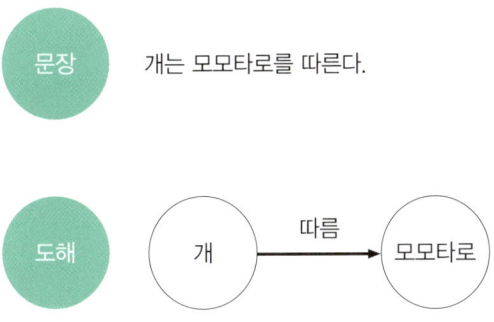

문장과 도해는 둘 다 의사소통 도구이며, 정보를 표현하여 타인과 대화를 주고받기 위한 수단입니다. 표현 방법만 다를 뿐이지, 서로 호환성이 있습니다.

즉, 대부분의 문장은 도해로 변환할 수 있다는 뜻이지요. 물론 그 반대도 가능해서, 도해를 문장으로 변환할 수 있습니다. 그 외에도 음성이나 그림도 의사소통 도구입니다. 문장을 소리 내어 읽는 것은 문장에서 음성으로 변환하는 행위이기도 해요.

우리는 일상적으로 문장과 음성 변환을 하고 있습니다. 음성에도 발음이라는 법칙이, 문장에도 문법이라는 법칙이 존재합니다. 앞으로 배우는 '분해의 문법'은 도해에서의 법칙이라 할 수 있어요. 분해의 문법이라고 하면 어렵게 들릴지도 모르겠지만, 자연히 글을 쓰고 읽을 줄 아는 사람이라면 이미 문장과 발음의 법칙을 다 알고 있는 것과 마찬가지입니다.

이번에는 도해의 법칙에 대해 살펴봅시다.

도해 작성을 위한 세 가지 순서 '정리' '정돈' '도화'

도해는 요소와 관계라는 두 종류의 정보를 글자, 도형, 그림을 이용해 표현하는 의사소통 수단 중 하나입니다. 요소와 관계를 이해하기 위해 정보를 '정리' '정돈' '도화'합니다. 이 세 단계는 요소와 관계에 대해 각각 이루어집니다. 다시 말해, 우리가 할 일은 요소의 정리, 관계의 정리, 요소의 정돈, 관계의 정돈, 요소의 도화, 관계의 도화까지 총 여섯 가지가 되지요.

도해 작성에서 할 일

	Step. 1 '정리'	Step. 2 '정돈'	Step. 3 '도화'
요소	요소의 정리	요소의 정돈	요소의 도화
관계	관계의 정리	관계의 정돈	관계의 도화

이 책에서 Step. 1을 정리, Step. 2를 정돈, Step. 3을 도화로 하고 있는데, 실제로 도해를 만들 때는 이 단계를 따르기만 해서는 부족할 때도 있습니다. 어디까지나 3단계는 기본적인 순서일 뿐이고, 상황에 따라 정돈이나 도해부터 시작하거나 혹은 정리와 정돈과 도화를 왔다 갔다 할 수도 있어요.

하지만, 아무리 복잡한 도해라고 하더라도 할 일은 이 세 가지를 조합하는 것뿐입니다. 또한 정리부터 시작하여 정돈, 도화하는 순서로 나아가면 도해를 진행하기 쉬우므로, 이번에는 '도해할 때 하는 작업의 기본적인 순서'로서 정리, 정돈, 도화의 순서대로 소개하겠습니다.

정리와 정돈의 차이

각 단계의 상세 내용으로 넘어가기 전에 정리와 정돈의 차이를 설명하겠습니다. 우리는 대개 '이 방은 정리정돈 하는 것이 좋겠다'처럼 정리와 정돈의 차이를 크게 의식하지 않고 쓰지만, 정리와 정돈에는 뉘앙스 차이가 있습니다. 이 책에서는 사전을 참고하여 이 두 단어를 의도적으로 나누어 표현하고 있습니다.

이 책에 정의하길, 정리는 '정보를 필요한 것과 불필요한 것으로 "나누어서" 불필요한 것을 "버리는" 일'입니다. 그리고 정돈이란 '정보를 어떤 기준점에 맞춰 "풀어내고" 더 세부적인 정보로 만들어 "가다듬는" 것'이지요.

▶ **정리【整理】**
① 흩어진 상태에 있는 것을 가지런히 하여 질서정연하게 하는 것.
자료를 **정리**하다(資料を**整理**する)
마음이 **정리**되다(気持ちの**整理**がつく)
교통**정리**(交通**整理**)
② 쓸데없는 것, 불필요한 것을 제거하는 것. 또한 후에 번거로울 문제가 일어나지 않도록 처리하는 것.
인원을 **정리**한다(人員を**整理**する)
신변을 **정리**한다(身辺を**整理**する)
③ 주식회사가 지불 불능, 채무 초과 등에 빠질 우려 혹은 그러한 의심이 있을 때, 재건을 목적으로 재판소의 감독하에 행해지는 수속. 상법에 규정이 있었으나 헤이세이 18년(2006) 5월 회사법 시행에 따라 이 제도는 폐지됐다.
④ 신문 편집에서 원고나 사진 등을 취사선택하여 헤드라인을 붙이고 지면을 구성하는 것. 또, 그 업무를 행하는 부서.
편집국 **정리**부(編集局**整理**部)

▶ **정돈【整頓】**
매우 가지런하게 상태로 만드는 것. 또, 확실하게 정리하는 것.
방을 **정돈**하다(部屋を**整頓**する)
새로운 정부 조직이 점차 **정돈**되어(新政府の組織が次第に**整頓**して)

정리와 정돈에 대해서는 후에 더 자세히 설명할 예정이므로, 여기서는 정리와 정돈의 차이에만 주목하겠습니다.

정리라는 단어에는 '가지런히 한다'와 '쓸데없는 것이나 불필요한 것을 처분한다'는 두 가지 뜻이 있습니다. 이에 비해 정돈이라는 단어에는 정리하고 가다듬는다는 의미밖에 없지요. 불필요한 것을 버린다는 뜻은 정리에만 있습니다.

또한 두 가지 단어에 모두 '가지런히 한다'는 의미가 있지만, 정리는 마음이나 상황 등 눈에 보이지 않는 것도 포함해서 가다듬는다는 뉘앙스가 있는 것에 비해, 정돈에는 사물의 위치나 장소 등을 공간적으로 가다듬는다는 뉘앙스가 있다는 미세한 차이가 있습니다.

정리와 정돈의 제일 큰 차이는, '버린다'는 의미가 정리에만 있다는 점입니다. 버린다는 건 즉 요소를 줄이는 것이지요. 즉, 정리하면 요소가 줄어듭니다. 예를 들어서 과일 열 개가 테이블 위에 놓여 있습니다. 일부가 썩는 바람에 먹을 수 없어서, 썩은 과일을 버립니다. 두 개가 썩어서 버리면 이제 여덟 개가 남았습니다. 이게 바로 정리입니다.

한편, 정돈을 하더라도 요소는 줄어들지 않아요. 정돈이란 정보를 공간적으로 가다듬은 일이기 때문입니다. 단, 요소를 풀어내는 일은 있습니다. 풀어낸다는 건 엉키거나 굳은 것을 풀고 떼어내서 자잘하게 만드는 일입니다. 추상적이고 큰 요소가 어떤 기준점이나 시점으로 분리됨으로써 더욱 구체적이고 세부적인 요소로 나뉜다는 뜻이지요. 나뉘기 때문에 요소가 늘어난 것처럼 보입니다.

예를 들어, 테이블 위에 놓인 열 개의 과일을 '사과' '귤'이라는 종류에 따라 정돈하면 사과 여섯 개와 귤 네 개로 나뉜다고 합시다. 과일이라는 추상적이고 큰 요소를 사과와 귤이라는 더욱 구체적인 요소로 풀어냈다고 할 수 있겠지요. 사과와 귤은 둘 다 과일 종류라는, 동일한 추상도로 맞춰진 기준점입니다. 예를 들어 '과일과 사과'라는 분류법은 기준점의 추상도가 맞춰지지 않아서 적절하다고 할 수 없습니다.

정돈하더라도 요소의 수는 줄어들지 않습니다. 과일을 사과와 귤로 나눈 건 어디까지나 기준점이지, 요소의 수는 열 개로 변함이 없습니다.

또한 과일이라는 '요소의 카테고리' 추상도의 기준점은 그대로 두고, 테이블 위에 둔 열 개의 과일을 5행×2열로 늘어놓는 것도 정돈입니다. 이는 '위치'라는 기준점에서 열 개의 과일을 정돈했다고 할 수 있지요. 여기서도 역시 요소의 수는 열 개로 달라지지 않습니다.

정리와 정돈

정리 = 필요 없는 것을 버리는 것

정돈 = 확실하게 정리해서 가지런하게 하는 것

예를 들어, 인터넷 쇼핑 사이트의 검색 기능에 있는 '범위 좁히기'와 '정렬'을 떠올려 보면 정리와 정돈의 차이를 더욱 쉽게 이해할 수 있을 것입니다. '범위 좁히기'가 정리, '정렬'이 정돈에 해당하지요.

'범위 좁히기'에서는 '별점 4개 이상' '가격이 1만 원 이하' 등, 자신이 갖고 싶은 상품의 기준에 따라 표시하는 상품(요소)의 범위를 좁힙니다. 반대로 말하자면 기준을 충족하지 못한, 중요치 않은 불필요한 요소는 버리는 것이지요.

'정렬'에서는 '가격이 싼 순서' '인기순' 등 상품(요소)끼리의 관계성을 가격이나 인기 등의 기준점으로 정렬합니다. 이때, 표시하는 상품(요소)의 숫자 자체는 줄어들지 않지만, 늘어세우는 순서는 어느 임의의 기준점에 맞춰져 있지요.

정리란 요소나 관계를 목적에 맞춰 필요한지 불필요한지 보고, 그 기준점에 따라 불필요한 것을 버리는 것입니다. 정돈이란 요소가 가진 정보나 요소끼리의 관계성을 어떤 기준점으로 풀어 가다듬는 일입니다. 정리와 정돈은 바로 이런 차이가 있는 거예요.

Step 1 : 정리

그럼 여기서부터는 도해의 세 단계인 '정리' '정돈' '도화'의 각각에 대해 자세히 살펴봅시다.

우선 첫 단계인 '정리'에 대해서입니다. 도해에서 정리를 정의해 보자면 '도해하고 싶은 정보의 요소와 관계를 도해의 목적에 대해 필요한 것과 불필요한 것으로 나누어, 불필요한 것을 버리는 것'입니다.

다만 '정리'는 주로 요소를 중심으로 이루어집니다. 관계에서도 정리는 할 수 있지만, 요소가 제대로 정리되면 쓸데없는 요소가 사라지기 때문에 요소 수가 적어져서 절로 관계의 수도 줄어듭니다. 요소가 제대로 정리만 된다면, 관계의 정리도 자연히 된다는 뜻이지요.

또한 정리는 바꿔 말하자면 '필요라는 기준점으로 가다듬고 나서(=정돈하고 나서) 불필요한 것을 버리는 일'이라고도 말할 수 있습니다. 도해하는 목적에 대해 도해하는 대상에 등장하는 요소나 관계가 필요한지를 생각해 봅니다. 그리고 불필요한 것을 버립니다. 정리란 '필요'라는 기준점에 특화된 정돈을 하고, 불필요한 것을 버리는 행동을 취하는 것입니다.

그럼 왜 불필요한 요소나 관계를 꼭 버려야 하는 걸까요? 그건 불필요한 것을 버리지 않으면 필요한 것이 무엇인지 알기 어렵기 때문입니다. 즉, 도해에 포함되는 정보량이 너무 많아집니다. 정보량이 많아지면 도해를 보는 사람은 무엇이 중요한지, 어딜 봐야 내용을 알 수 있는지 일일이 찾아봐야 하지요.

도해 제작자는 정보를 정리해서 '버림'으로써 보는 이가 정보를 확보하기 쉽게 해야 합니다. 정보를 확보하지 못하면 아예 이해할 수 없지요.

정돈되지 않은 도해는 제목이나 표제가 없는 책과 같습니다. 책에 제목이나 표제가 있음으로써 이 책의 주제나 내용이 무엇인지, 무엇을 전달하고 싶은지, 중요한 정보는 어디 있는지를 적은 정보량으로도 이해할 수 있습니다. 도해의 정리도 이와 마찬가지로, 전달하고 싶은 여러 많은 정보 중에 무엇을 버리고 무엇을 남겨둬야 전해야 할 정보를 제대로 전달할 수 있는지를 생각하는 작업이지요.

단, 정보를 정리하기만 해서는 정보의 관계성은 알아보기 어려운 상태로 남습니다. 관계성을 더욱 명확히 전달하려면 정리만이 아니라 정돈도 해야 합니다. 예를 들어서, 정리만 하고 정돈하지 않은 것은 범위 좁히기 기능은 있어도 정렬 기능이 없는 검색 기능과 같은 겁니다.

조건에 맞는 후보는 찾아주지만, 후보끼리의 관계성이나 순위는 알 수 없어서 후보 간의 비교를 할 수 없지요. '당신의 희망에 맞는 후보를 세 개 찾았습니다! 단, 비교당하면 안 되니까 상세 내용은 알려드릴 수 없습니다. 취향에 맞는 것을 하나 선택해 주세요!'라는 말을 듣는 것과 마찬가지입니다. 아무리 후보가 적어도 후보 간의 관계성을 알 수 없으면 선택할 수가 없지요.

그럼 구체적으로 제1장에서 소개했던 이해 효율 도해를 사용해서, 문장을 이해할 때의 '정리' 방법을 생각해 봅시다.

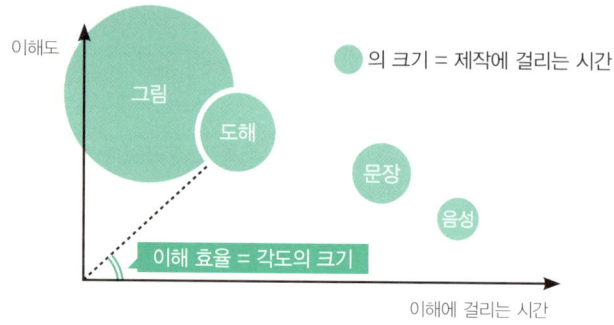

이해 효율 도해의 내용을 문장으로 표현하면 다음과 같습니다.

그림 · 도해 · 문장 · 음성의 네 가지 전달 방법을 비교해 보면, 이해도나 기억률은 높은 것부터 그림 > 도해 > 문장 > 음성의 순서다. 이해에 걸리는 시간도 짧은 것부터 늘어세우면 순서는 동일하다. 단, 제작에 걸리는 부하는 그림이 압도적으로 크고, 그다음으로 도해 > 문장 > 음성의 순서로 이어진다. 즉, 도해는 정보 전달 수단으로서 비용 대비 효과가 좋다.

Step. 1 정리하는 것

그림 · 도해 · 문장 · 음성의 네 가지 전달 방법을 비교해 보면, 이해도나 기억률은 높은 것부터 그림 > 도해 > 문장 > 음성의 순서다. 이해에 걸리는 시간도 짧은 것부터 늘어세우면 순서는 동일하다. 단, 제작에 걸리는 부하는 그림이 압도적으로 크고, 그다음으로 도해 > 문장 > 음성의 순서로 이어진다. 즉, 도해는 정보 전달 수단으로서 비용 대비 효과가 좋다.

문장을 이해할 때, 우선 필요한 것은 문장의 정보 정리입니다. 문장을 풀어 읽어서 그 문장이 무엇에 대해 설명하고 있는지(=주제)나 어떤 주장을 하고 있는지, 주장을 뒷받침하는 설명이나 보충 내용 등을 정리해야 합니다.

문장은 장과 절, 단락 등의 덩어리로 뭉쳐 쓰이지만, 주제나 주장은 장이나 절, 단락의 첫 문장 혹은 마지막 문장에 등장할 때가 많습니다. 또한 문장의 주제는 그대로 도해의 표제로 쓰일 때도 있지요.

이번 문장을 우선 주체와 주상, 내용의 세 가지로 나누어 보면 주제, 내용, 주장 순서대로 다음과 같이 쓰여 있음을 알 수 있습니다.

▶ **주제**
그림·도해·문장·음성의 네 가지 전달 방법을 비교해 보면,

▶ **내용**
이해도나 기억률은 높은 것부터 그림 > 도해 > 문장 > 음성의 순서다. 이해에 걸리는 시간도 짧은 것부터 늘어세우면 순서는 동일하다. 단, 제작에 걸리는 부하는 그림이 압도적으로 크고, 그다음으로 도해 > 문장 > 음성의 순서로 이어진다.

▶ **주장**
즉, 도해는 정보 전달 수단으로서 비용 대비 효과가 좋다.

여기서 더 나아가 내용을 '① 비교되는 기준점'과 '② 기준점의 순서' 두 가지로 나누어 생각해 보면, 다음과 같이 세 가지 기준점으로 각각 순위가 매겨지고 있습니다.

이해도나 기억률은 높은 것부터 그림 > 도해 > 문장 > 음성의 순서입니다. 이해에 걸리는 시간도 같은 순서지요. 단, 그 제작에 걸리는 부하는 그림이 압도적으로 크고, 그다음으로 도해 > 문장 > 음성의 순서로 이어집니다.

▶ 비교되는 기준점 ··· 기준점의 순위
- 이해도나 기억률 ··· 그림 > 도해 > 문장 > 음성
- 이해에 걸리는 시간 ··· 짧은 것부터 세워도 순서 동일(즉, 그림 > 도해 > 문장 > 음성)
- 제작에 걸리는 부하 ··· 그림이 압도적으로 크고, 그다음으로 도해 > 문장 > 음성

Step. 1 정리의 흐름 ①

그림·도해·문장·음성의 네 가지 전달 방법을 비교해 보면, 이해도나 기억률은 높은 것부터 그림 > 도해 > 문장 > 음성의 순서다. 이해에 걸리는 시간도 짧은 것부터 늘어세우면 순서는 동일하다. 단, 제작에 걸리는 부하는 그림이 압도적으로 크고, 그다음으로 도해 > 문장 > 음성의 순서로 이어진다. 즉, 도해는 정보 전달 수단으로서 비용 대비 효과가 좋다. ← 표제 / 주장

여기까지 문장이 어떤 구조로 만들어지는지 풀어서 읽어 보았습니다. 다음으로 문장에 있는 여분의 부분을 버려 보겠습니다. 즉, 정리하는 것이지요. 문장의 여분 부분은 크게 두 종류로 나뉩니다. ① 정보의 우선도가 낮아서 도해에 실을 수 없는 부분, 그리고 ② 정보로서 도해에 실을 수는 있으나 글자로서는 불필요한, 문장의 자투리 같은 부분입니다.

'① 정보의 우선도가 낮아서 도해에 실을 수 없는 부분'은 요소의 정리를 하는 부분이라고 바꿔 말할 수 있습니다. 한 장의 도로 만들기에는 정보량이 너무 많거나 혹은 도로 전할 내용으로 보기에는 우선도가 낮아서 도로 만들지 않는다는 선택을 합니다. 이번 문장은 정보량이 많지 않고, 또한 전하고 싶은 내용과 다른 정보가 적힌 부분도 없어서 이 정리 과정은 진행하지 않습니다.

'② 정보로서 도해에 실을 수는 있으나 글자로서는 불필요한, 문장의 자투리 같은 부분'은 관계의 정리를 하는 부분이라도 할 수 있습니다. 문장에서 관계의 정리를 할 때는 여분의 품사를 제거합니다. 문장을 도해하는 경우, 문장의 전체 문자를 그대로 뽑아내 도로 만들지는 않지요. 품사 중에 도로 만들기에는 불필요한 조동사나 조사, 접속사 등을 제거하고, 대신 도형이나 그림을 이용하여 관계성을 단적으로 표현합니다.

이번 문장에서 행할 정리는 이 관계의 정리입니다. 구체적 예를 살펴봅시다. 원래 문장은 이러하였습니다.

> 그림·도해·문장·음성의 네 가지 전달 방법을 비교해 보면, 이해도나 기억률은 높은 것부터 그림 > 도해 > 문장 > 음성의 순서다. 이해에 걸리는 시간도 짧은 것부터 늘어세우면 순서는 동일하다. 단, 제작에 걸리는 부하는 그림이 압도적으로 크고, 그다음으로 도해 > 문장 > 음성의 순서로 이어진다. 즉, 도해는 정보 전달 수단으로서 비용 대비 효과가 좋다.

이 문장에 대해 여분의 부분을 제거하고 표현을 정리해서 아까의 주제, 내용, 주장을 놓고 보면 다음과 같이 됩니다.

▶ **주제**
그림·도해·문장·음성의 네 가지 전달 방법을 비교

▶ **내용**
이해도나 기억률 … 그림 > 도해 > 문장 > 음성
이해에 걸리는 시간 … 순서 동일
제작에 걸리는 부하 … 그림이 압도적으로 크고, 그다음으로 도해 > 문장 > 음성

▶ **주장**
도해는 정보 전달 수단으로서 비용 대비 효과가 좋다.

Step. 1 정리의 흐름 ②

그림·도해·문장·음성의 네 가지 전달 방법을 비교해 보면, 이해도나 기억률은 높은 것부터 그림 > 도해 > 문장 > 음성의 순서. 이해에 걸리는 시간도 짧은 것부터 늘어세우면 순서는 동일하다. 단, 제작에 걸리는 부하는 그림이 압도적으로 크고, 그다음으로 도해 > 문장 > 음성의 순서로 이어진다. 즉, 도해는 정보 전달 수단으로서 비용 대비 효과가 좋다.

그림·도해·문장·음성의 네 가지 전달 방법을 비교	
이해도나 기억률	그림 > 도해 > 문장 > 음성
이해에 걸리는 시간	순서 동일
제작에 걸리는 부하	그림이 압도적으로 크고, 그다음으로 도해 > 문장 > 음성

도해는 정보 전달 수단으로서 비용 대비 효과가 좋다.

 문장의 연결어로 쓰였던 '해 보면' '단'이나 보조적인 설명 부분인 '높은 것부터' '의 순서', 구두점 등을 정리했습니다. 이처럼 문장을 정리해 나가면, 조목별로 쓰게 됩니다. 조목별로 쓰기는 문장에서 여분의 부분(문장의 보충이나 연결로 쓰이는 부분)을 제거하고, 단적으로 내용을 정리할 때 매우 효과적인 기록법이기도 합니다.

 자, 이제 문장을 도해하는 1단계인 정리가 끝났습니다.

Step 2 : 정돈

다음은 도해의 3단계 중 두 번째인 '정돈'에 대해 살펴보겠습니다. 우선 '정돈'이 무엇인지 정의해 봅시다.

정돈이란 '정보를 어떤 기준점으로 "풀어내어" 더욱 세부적인 정보로 "가다듬는" 것'입니다. '요소가 가진 정보나 요소 간의 관계성을 어떤 기준점으로 풀어내어 가다듬는 것'이라고도 할 수 있지요.

Step. 1의 '정리'는 요소의 관계 중, 주로 요소를 중심으로 이루어지는 단계라고 설명했지만, '정돈'은 관계를 중심으로 이루어지는 단계입니다. 물론 단계만이 아니라 요소의 정돈도 이루어집니다. '정리'가 제대로 되면 도해하고 싶은 정보 요소의 수가 줄어들었을 것입니다. 요소의 수가 적으면 필연적으로 관계의 수도 적어졌을 테니 정돈도 하기 쉬울 거예요.

설령 '정리'가 잘되지 않았더라도 걱정하지 마세요. 요소의 수를 좁히지 못한 경우에는 Step. 2의 '정돈'부터 시작해서 먼저 관계의 수를 줄인 다음에 '정리'를 진행하는 것도 하나의 방법입니다.

도해에 쓸 정보에 대해 '전달하고 싶은 요소는 무엇인가?' '이해할 때 꼭 필요한 것은 무엇인가?'를 묻는 게 정리의 접근법이라고 한다면, '전달하고 싶은 관계는 무엇인가?' '이해할 때 꼭 필요한 관계성, 순위, 구조는 무엇인가?'를 묻는 것이 정돈의 접근법입니다. 쉬운 것부터 시작해 봅시다.

그럼 왜 요소와 관계를 어떤 기준점으로 풀어내 가다듬어야 할 필요가 있을까요? 그건 제2장에서도 언급했던 것처럼 가다듬는 것으로 차이가 생기고, 차이가 생김으로써 알 수 있게 되기 때문입니다. 반대로 가다듬지 않으면 정보를 이해하는 데 시간이나 부담이 생겨 정보를 통해 알게 되는 것이 적어지고 말지요.

정보를 이해하는 데 부담이 생긴다는 것은 무슨 뜻일까요? 요소의 정돈으로 예를 들어봅시다. 사과, 귤, 포도의 세 가지 과일이 과일 가게에 있다고 하고, 가격표에는 사과 3,000원, 귤 200유로, 포도 180달러라고 적혀 있다면 어떨까요?

돈이라는 기준점은 딱 갖춰져 있지만 통화가 원화, 유로화, 달러로 제각각이어서 금액의 차이를 둘 수가 없고 어느 것이 싼지, 비싼지 비교하기 어렵습니다.

또한 정보를 통해 알 수 있는 것이 적다는 점에서도, 관계의 정돈으로 예를 들어 보겠습니다. A와 B, C 세 명이 있고, 다음의 세 관계성을 알고 있다고 가정해 봅시다.

- A는 B보다 키가 5cm 더 크다.
- B는 C와 초등학생 때부터 소꿉친구로 지냈다.
- C는 A보다 더 빨리 뛸 수 있다.

관계성의 기준점이 '키' '친한 정도' '달리기 속도'로 제각각이어서 이 세 가지 정보 이외로는 새롭게 알 수 있는 것이 없지요. 만약 관계성의 기준점을 '키'에 맞춰 가다듬었다면 두 개의 정보에서 새로운 정보를 이끌어낼 수 있게 됩니다.

- A는 B보다 키가 5cm 더 크다.
- B는 C보다 키가 3cm 더 크다.

이 두 가지 정보만 있다고 하더라도 'A는 C보다 키가 8cm 더 크다'라는 새로운 정보를 도출해 낼 수 있어요.

이처럼 정보를 정돈하는 것은 주어진 정보를 효율적으로 이해하는 것과도 연결되고, 주어진 정보에서 새로운 정보를 얻는 것으로도 이어집니다.

단, 정보의 정리만으로는 불충분한 것처럼 정보의 정돈만 하는 것도 편파적인 결과를 낳습니다. 정보의 정돈만 해서는 정보량이 줄지 않기 때문에, 아무리 깔끔하게 가다듬어도 읽는 사람이 이해하지 못하거나 요점을 알아보지 못하고 '결국 무슨 말을 하려는 거지?'라는 말을 하게 될지도 모릅니다.

정돈만 하고 정리하지 않은 것은 정렬 기능은 있어도 범위 좁히는 기능이 없는 검색 기능과 같다고 할 수 있지요. '당신이 원하는 대로 "싸고 맛있는 순서"에 맞춰 상품 순위 형식으로 소개합니다! 후보는 1,000개 있지만 지금부터 하나씩 소개하겠습니다!'라고 하는 것과 똑같아요.

그럼 이해 효율의 도해를 다시 사용해서, 문장을 도해할 때의 Step. 2 '정돈' 방법을 살펴봅시다.

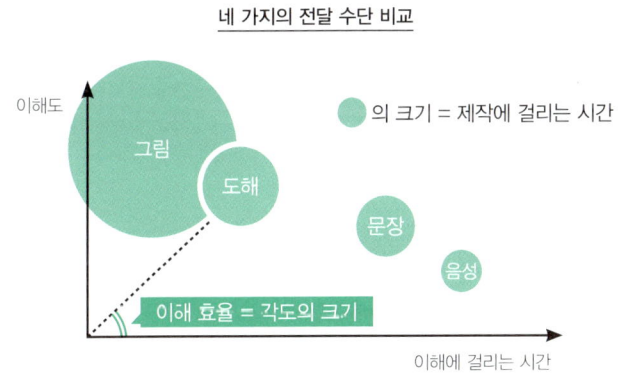

네 가지의 전달 수단 비교

Step. 1의 '정리'에서 도해에 필요하지 않은 부분을 버림으로써 문장을 바꿔 조목별 쓰기로 표현했습니다. Step. 2의 '정돈'에서는 정보의 기준점을 가다듬어서 표의 형식으로 만들어보겠습니다.

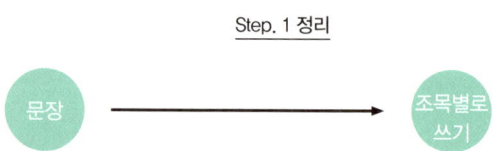

Step. 1에서 정리한 주제, 내용, 주장을 다시금 살펴봅시다. 이번 예는 내용이 문장의 시점에서 어느 정도 정돈된, 다시 말해 정보가 어떠한 기준점으로 가다듬어진 상태입니다.

Step. 1 정리

그림 · 도해 · 문장 · 음성의 네 가지 전달 방법 비교

이해도나 기억률	그림 > 도해 > 문장 > 음성
이해에 걸리는 시간	순서 동일
제작에 걸리는 부하	그림이 압도적으로 크고, 그다음으로 도해 > 문장 > 음성

도해는 정보 전달 수단으로서 비용 대비 효과가 좋다.

▶ **주제**
그림·도해·문장·음성의 네 가지 전달 방법 비교

▶ **내용**
이해도나 기억률 … 그림 > 도해 > 문장 > 음성
이해에 걸리는 시간 … 순서 동일
제작에 걸리는 부하 … 그림이 압도적으로 크고, 그다음으로 도해 > 문장 > 음성

▶ **주장**
도해는 정보 전달 수단으로서 비용 대비 효과가 좋다.

세 개의 기준점은 '이해도나 기억률' '이해에 걸리는 시간' '제작에 걸리는 부하'로, 전달 방법의 네 가지 요소 '그림' '도해' '문장' '음성'의 순서를 설명하는 것이 이번 문장의 구조입니다. 이를 표로 표현하면 기준점이 표의 행에 들어가고, 순서가 표의 열에, 전달 방법인 네 가지의 요소가 행렬의 요소가 됩니다. 이 표에 요소를 넣어보면, 세 가지 기준점 모두가 그림, 도해, 이해, 음성 순서로 나열되는 것을 알 수 있어요.

네 가지 전달 방법 비교

	1	2	3	4
이해도·기억률	그림	도해	문장	음성
이해에 걸리는 시간	그림	도해	문장	음성
제작에 걸리는 부하	그림	도해	문장	음성

문장에서는 '그림 > 도해 > 문장 > 음성' '순서 동일' '그림이 압도적으로 크고, 그다음으로 도해 > 문장 > 음성'이라는 서로 다른 표현으로 나왔지만, 순위라는 기준점에서는 모두 동일함을 드러내고 있습니다.

다만 '그림이 압도적으로 크고'라는 뉘앙스가 표에서는 제거되어 있다는 점에

주의하세요. 순위라는 기준점에서는 '압도적으로 크다'라는 성질은 버리고 1위, 2위라는 동일한 표현으로 되어 있습니다. 쉽게 말해, 마라톤 경기에서 1위와 2위의 차이가 1시간이든 1초든 간에 시상대 위에는 둘 다 1위와 2위로 올라서는 것과 같은 것이지요. 이렇게 순위에는 차이 값의 개념이 없습니다. 정돈해서 표로 만드는 단계에서 제거되는 정보지만, Step. 3에서 도해할 때 '압도적으로 크다'라는 정보를 다시금 넣는 것도 검토해 봅시다.

자, 그림 조목별로 쓴 정보를 '이해도 · 기억률' '순위'와 같은 기준점으로 정돈해서 표로 만듦으로써 도해할 준비가 갖춰졌지만, 또 하나 주의해야 할 것은 '기준점의 표현'입니다.

'이해도 · 기억률'과 같은 정도나 확률은 높은지 낮은지로 표시될 때가 많고, '이해에 걸리는 시간'과 같은 시간 경과는 긴지 짧은지로 표현될 때가 많습니다. 또한 '제작에 걸리는 부하'와 같은 부하는 큰지 작은지로 드러내지요. '표'로 만들 때 이런 기준점의 표현은 제거되지만, 이후 단계인 도해에서 도움이 될 수 있으므로 표에 남겨두면 좋을 것입니다.

Step.2 정돈의 흐름

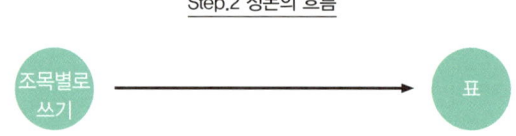

정리와 정돈의 단계가 끝나면 도해하고 싶은 정보를 표에 가까운 형태로 표현할 수 있습니다. 이 표를 사용해서 문장을 도해로 만드는 단계, 도화로 가봅시다.

Step 3 : 도화

'정리'와 '정돈'을 반복해서 정보를 표와 같이 가다듬으면 마지막 단계인 '도화'를 합니다. 도화는 측량이나 지도를 작성하는 분야에서 사용되는 단어로, 『브리태니커 국제 대백과사전 소항목 사전』에서는 '도화기(圖化機) 등으로 등고선이나 여러 대상물을 그리는 조작. 플롯, 실체 도화, 기계 도화라고도 한다. 사진 측량에 의하지 않을 때도 평판 측량 혹은 자료에 따라 지도의 형상으로 그리는 것을 도화라고 한다'라고 정의되어 있는데, 이 책에서는 한자 의미를 있는 그대로 '(정보를) 도로 만드는 것'이라는 뜻으로 사용하고 있습니다.

'도화'에서는 지금까지 정리해 왔던 요소나 관계를 글자나 도형, 그림으로 변환합니다.

그럼 다시 이해 효율의 도해를 사용하여, 문장을 도해할 때의 Step. 3 '도화'의 방법을 살펴보도록 합시다.

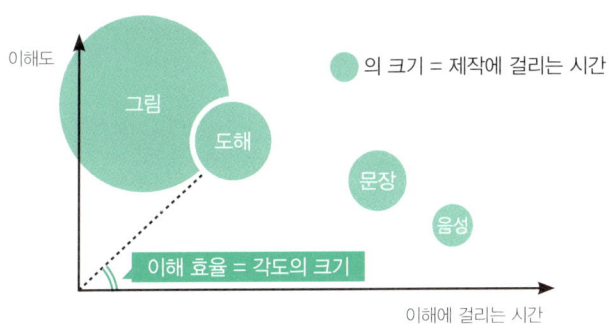

Step. 2의 '정돈'까지 도해하고 싶은 문장을 '이해도 · 기억률' '순위' 같은 기준점으로 정돈함으로써 표 형식으로 만들었습니다. 이 표를 사용하여 드디어 도를 작성하게 됩니다.

Step. 2에서 정리한 것

그림 · 도해 · 문장 · 음성의 네 가지 전달 방법 비교

	1	2	3	4
이해도 · 기억률	고 그림	도해	문장	음성 저
이해에 걸리는 시간	단 그림	도해	문장	음성 장
제작에 걸리는 부하	대 그림	도해	문장	음성 소

우선은 이 표를 어떻게 도로 만들지를 생각해 봅니다. 이 도에서 전달하고 싶은 것은 도해라는 정보 전달 수단이 다른 것에 비해 비용 대비 효과가 좋다는 점, 그러니까 '그림, 도해, 문장, 음성' 네 가지 정보 전달 수단의 비교였습니다. 이런 네 가지 요소를 세 개의 기준점으로 비교하게 되므로, 이번에는 요소끼리 비교할 때 사용하기 좋은 '맵핑'이라는 프레임 워크를 사용하는 것을 검토해 봅니다(도해의 프레임 워크에 대해서는 다음 장에서 해설하겠습니다).

우선 두 가지의 기준점인 '이해도 · 기억률'과 '이해하는 데 걸리는 시간'에 착안하여 맵핑 프레임 워크에 따라 세로축과 가로축을 잡습니다. 이 축을 잡을 때, 어느 쪽을 세로축으로 하고 어느 쪽을 가로축으로 할 것인지를 정하는 데 도움이 되는 것이 앞서 고려했던 '기준점의 표현'입니다.

Step. 3 도화의 흐름 ①

그림 · 도해 · 문장 · 음성의 네 가지 전달 방법 비교

	1	2	3	4
이해도 · 기억률	고 그림	도해	문장	음성 저
이해에 걸리는 시간	단 그림	도해	문장	음성 장
제작에 걸리는 부하	대 그림	도해	문장	음성 소

'이해도 · 기억률'은 높은지 낮은지로 표현될 때가 많고, '이해하는 데 걸리는 시간'은 긴지 짧은지로 표현될 때가 많다고 보았습니다. 높고 낮은지의 표현은 물리적으로 위에 있는 것과 아래에 있는 것을 가리킨다는 점도 우리의 감각에 맞지요. 즉, 높은지 낮은지의 단어로 드러낼 수 있는 '이해도 · 기억률'은 세로축에 두는 편이 자연스럽습니다.

마찬가지로 '이해하는 데 걸리는 시간'처럼 소요 시간을 가리키는 '짧다, 길다'는 감각적으로 위아래로 뻗는 느낌일까요? 아니면 좌우로 뻗어 나가는 느낌일까요? '높다, 낮다'라는 기준점이 위아래로 뻗는 세로축의 이미지가 강하므로 '이해하는 데 걸리는 시간'은 가로축으로 둬봅니다.

이렇게 '이해도 · 기억률'을 세로축으로, '이해하는 데 걸리는 시간'을 가로축으로 두고 '그림, 도해, 문장, 음성'의 네 가지를 표에 따라 늘어놓으면, 다음 그림처럼 도이 왼쪽 상단에서 오른쪽 하단을 향해 배열됩니다.

Step. 3 도화의 흐름 ②

그림 이제 세 번째 기준점인 '제작에 걸리는 부하'를 어떤 식으로 도화하는가가 남았습니다. 세로축과 가로축을 사용하여 두 가지 기준점을 표현했으니, 이제 위치에서의 표현은 어렵습니다. 안쪽으로 가는 축을 잡아 3D 공간처럼 보이도록 하는 것도 가능하지만, 이는 보기 어려우니 피하는 게 좋지요.

여기서도 도움이 되는 것이 '기준점의 표현'입니다. 부하의 기준점은 '크다, 작다'였습니다. 따라서 부하는 어떤 크기로 표현하는 것으로 생각해 보겠습니다. 이번에는 네 가지 요소 '그림, 도해, 문장, 음성' 아래에 원을 넣어, 그 원의 크기로 부하의 정도를 표현하기로 합니다. 큰 것부터 그림, 도해, 문장, 음성의 순으로 원의 크기를 바꿔봅니다. 또한 원의 크기가 '제작에 걸리는 부하'를 의미한다는 점을 부연 설명으로 도 안에 기재해 둡시다.

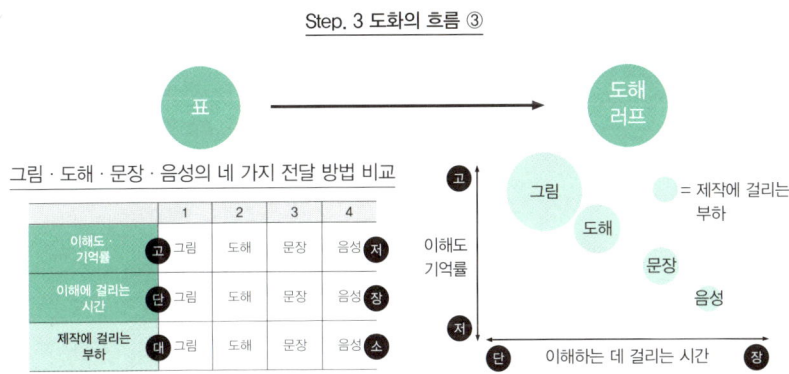

Step. 3 도화의 흐름 ③

　이제 표의 내용을 모두 세 가지의 기준점에 맞춰서 순위를 표현할 수 있게 됐습니다. 이 상태의 도해는 최종 조정하기 직전의 도해이므로 '도해 러프'라고 부르겠습니다. 여기서부터는 도해 러프를 더 조정해 보겠습니다.

　조정 방법은 문장에서 표로 만들 때 빠진 정보가 없는지 확인하고, 누락된 것이 있다면 도에 반영하는 것입니다. 이번 문장에는 들어가 있었지만, 지금 표에는 들어가 있지 않은 정보는 다음 두 가지입니다.

> ① 내용 = 제작에 걸리는 부하는 그림이 '압도적으로' 크다는 점
> 제작에 걸리는 부하는 그림이 압도적으로 크고, 그다음으로 도해 > 문장 > 음성의 순서로 이어진다.

> ② 주장 = '도해'에 초점을 맞춘 문장이라는 점
> 도해는 정보 전달 수단으로서 비용 대비 효과가 좋다.

　이 두 가지 정보를 도해에 반영해 봅시다.

Step. 3 도화의 흐름 ④

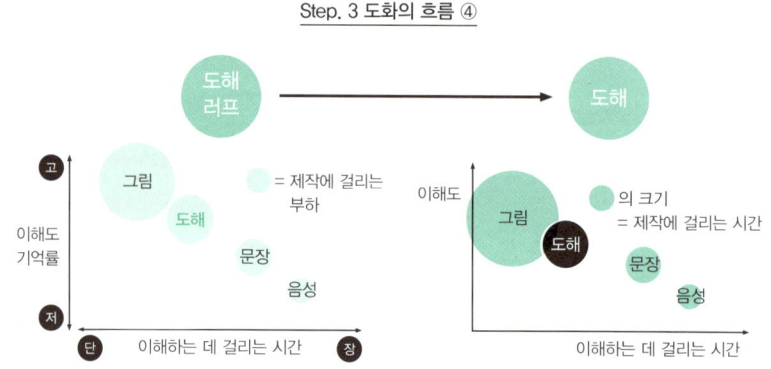

 '① 제작에 걸리는 부하는 그림이 "압도적으로" 크다는 점'에 대해서는 부하는 원의 크기로 표시했습니다. 거기서 '그림'의 배경에 깐 원을 이해도의 세로축에 걸칠 정도로 크게 키워봅시다. 딱 보기만 해도 그림의 부하가 큰 것이 전해질 정도로 차이를 두면 좋습니다.

 '② "도해"에 초점을 맞춘 문장이라는 점'에 대해서는 '도해'의 배경에 깐 원의 색깔을 바꾸었습니다. 여기에 맞춰서 원의 색과 크기를 식별하기 좋도록 배경색을 전체적으로 진하게 하고, 문자 색을 조정했습니다. 그림의 부하(=크기)가 압도적으로 큰 것을 원의 크기로 전하면서도, 이야기의 초점은 도해에 맞추도록 색의 대비와 크기의 균형을 잡았습니다.

 여기서 다시금 '정리'의 시점도 도입해 봅시다. 장황하지는 않아도, 제거해도 본질적으로 문제가 없는 정보가 없는지 생각해 봅니다. 이번에 세로축의 '이해도 · 기억률'이라는 기준점은 '얼마나 이해했는지는 그 후에 얼마나 기억할 수 있는지와 관련되기 때문에 어느 한쪽 표현을 없애도 정보는 전달할 수 있다'라고 판단하여 '이해도'만 남겨두었습니다.

또한 세로축과 가로축의 기준점 표현인 '높다, 낮다' '짧다, 길다'는 '문자로 표현하지 않아도 위치 관계를 직감적으로 전달할 수 있다'라고 판단하여 삭제했습니다. 왜냐하면 문자로 남기면 세로축과 가로축의 교차점 근처에 배치해야 할 '낮다' '짧다'가 혼재하여 이해하기 어려워질 뿐만 아니라, 교차점은 본래 높이도 0, 시간도 0인 것을 나타내야 하는데 '낮다' '짧다'라고 0이 아닌 상태를 표시하게 될 우려가 있기 때문입니다.

이렇게 하여 원래 문장의 정보를 시각으로도 직감적인 이해가 쉽게 되는지 확인하면 도화의 단계는 종료됩니다.

※ 제1장에서는 설명을 위해 '이해 효율(이해도÷이해하는 데 걸리는 시간)'을 도에 그려 넣었습니다.

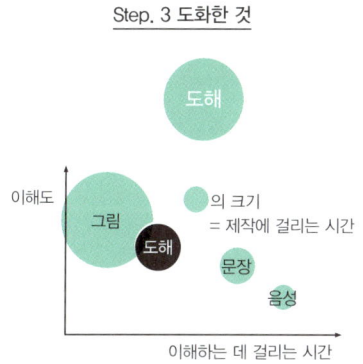

Step. 3 도화한 것

문장을 도해하는 세 단계 '정리' '정돈' '도화'를 다시금 돌이켜봅시다.

- 도해는 '도해하고 싶은 정보의 요소와 관계를 도해의 목적에 대해 필요한 것과 불필요한 것으로 나누어, 불필요한 것을 버리는 것'.
- 정돈은 '정보를 어떤 기준점으로 "풀어내어" 더욱 세부적인 정보로 "가다듬는" 것' '요소가 가진 정보나 요소 간의 관계성을 어떤 기준점으로 풀어내어 가다듬는 것'.
- 도화는 (정보를) 도로 만드는 것.

문장을 정리함으로써 조목별 쓰기로, 조목별 쓰기를 정돈함으로써 표로, 표를 도화하여 (도해 러프와) 도해로 변환했습니다.

원래의 문장과 최종 결과물인 도해만을 보면 급격한 변환으로 보일지도 모릅니다. 그러나 문장을 도해로 만들려면 지금까지 소개했던 것처럼 세 가지 단계를 거쳐야 합니다. 겉으로 보기에 이해하기 어렵고 복잡하게 느껴지는 변화도 이 단계를 하나씩 거치며 세세히 나눠가면, 어떤 일이 일어나고 있는지 이해하기 쉬워질 겁니다.

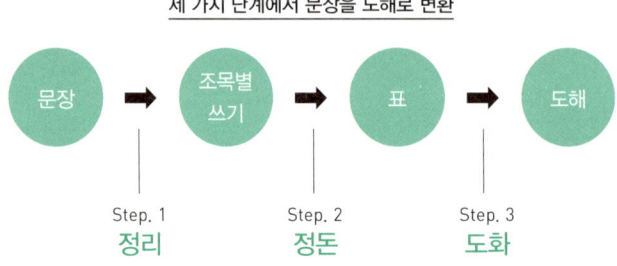

세 가지 단계에서 문장을 도해로 변환

Step. 1 정리

그림·도해·문장·음성의 네 가지 전달 방법 비교

그림·도해·문장·음성의 네 가지 전달 방법을 비교해 보면, 이해도나 기억률은 높은 것부터 그림 > 도해 > 문장 > 음성의 순서다. 이해에 걸리는 시간도 짧은 것부터 늘어세우면 순서는 동일하다. 단, 제작에 걸리는 부하는 그림이 압도적으로 크고, 그다음으로 도해 > 문장 > 음성의 순서로 이어진다. 즉, 도해는 정보 전달 수단으로서 비용 대비 효과가 좋다.

이해도나 기억률	그림 > 도해 > 문장 > 음성
이해에 걸리는 시간	순서 동일
제작에 걸리는 부하	그림이 압도적으로 크고, 그다음으로 도해 > 문장 > 음성

도해는 정보 전달 수단으로서 비용 대비 효과가 좋다.

Step. 2 정돈

그림·도해·문장·음성의 네 가지 전달 방법 비교

이해도나 기억률	그림 > 도해 > 문장 > 음성
이해에 걸리는 시간	순서 동일
제작에 걸리는 부하	그림이 압도적으로 크고, 그다음으로 도해 > 문장 > 음성

도해는 정보 전달 수단으로서 비용 대비 효과가 좋다.

그림·도해·문장·음성의 네 가지 전달 방법 비교

	1	2	3	4
이해도·기억률	고 그림	도해	문장	음성 저
이해에 걸리는 시간	단 그림	도해	문장	음성 장
제작에 걸리는 부하	대 그림	도해	문장	음성 소

Step. 3 도화 ①

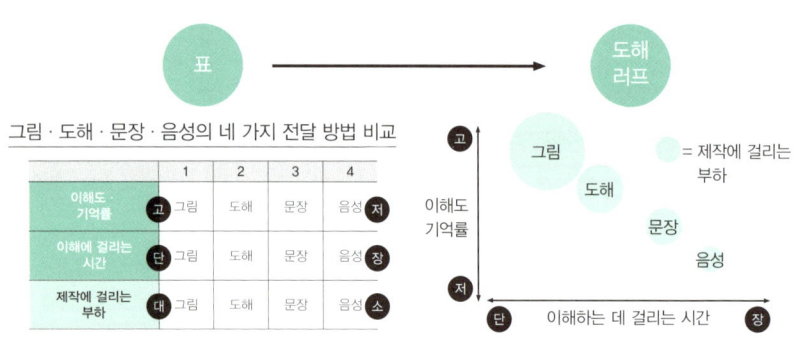

Step. 3 도화 ②

도해 작성을 위한 두 가지 기준

지금까지 도해 만드는 법인 '분해의 문법'의 순서로서 세 단계를 소개했습니다. 이제부터는 세 단계를 진행할 때의 '기준'을 설명하겠습니다. 분해의 문법에서의 기준, 즉 정리, 정돈, 도화할 때의 판단 척도가 되는 것은 바로 도해의 목적에 따라 '눈을 따르는 것' '뇌를 따르는 것'. 이 두 가지입니다.

모든 도해에는 두 가지 공통점이 있습니다. 그것은 도해를 보는 건 인간이라는 점과 도해를 보는 것은 눈(귀나 코가 아니고)이라는 점입니다.

※ 예외적으로 역 구내에 있는 점자를 사용한 안내판 등은 '손으로 만져 이해를 촉구하는 도해'라고 할 수 있을지도 모릅니다.

다시 말해 도해는 인간의 감각기관인 눈과 뇌가 이해하기 쉽게, 차이를 두기 쉽도록 정보를 정리, 정돈, 도화하여 만들어야 합니다. 당연한 것처럼 느껴지지만, 실제로 인간의 눈이 어떻게 세상을 포착하고 그걸 뇌가 어떻게 이해하는지를 의식하며 도해를 만든다는 시점은 매우 중요합니다. 이처럼 인간의 '지(知)'에 관한 활동을 연구하는 학문을 인지심리학이라고 합니다.

이 책은 인지심리학 전문 서적은 아니지만, 도해를 만들 때 참고하기 위해 간단히 설명하면서 분해의 문법 기준인 '눈을 따르는 것'과 '뇌를 따르는 것'을 소개하겠습니다.

우선 인간의 인지는 어떠한 메커니즘으로 되어 있는지 알아봅시다. 인간의 인지 프로세스는 크게 '① 감각, ② 지각, ③ 인지'라는 세 가지 단계로 나뉩니다. 그러나 이들의 구별은 모호해서, 엄밀히 선을 그어 구분할 수 없다는 점도 기억해 주세요.

① 감각(Sensation)

　감각이란 '자기 자신이나 주변 환경의 변화 및 자극을 느끼는 구조나 이에 의해 일어나는 의식'입니다. 인간은 눈과 귀, 코, 입, 피부 등의 감각 수용기를 통해 빛, 소리, 냄새, 맛, 압력 등의 자극을 시각, 청각, 후각, 미각, 촉각과 같은 감각으로 받아들입니다.

자극	빛	소리	냄새	맛	압력 등
감각	시각	청각	후각	미각	촉각
감각 수용기	눈	귀	코	입	피부

　이러한 감각 중 도해와 관련된 감각은 바로 시각이지요. 예를 들어, 빛에 의한 자극을 눈으로 받아들여서 '빨간색' '갈색' '둥근 모양' 등의 감각을 느낄 수 있습니다.

② 지각(Perception)

　지각이란 '감각 수용기를 통해 얻은 감각을 기반으로 전체의 형태나 상황을 파악하는 것'입니다. 예를 들어서 눈앞에 있는 물체에 대해 '붉고 둥글고, 위쪽에 갈색 선이 나 있다' 등의 종합적인 판단을 하는 것을 가리키지요.

③ 인지(Cognition)

　인지란 '지각한 정보와 과거의 기억을 기반으로 지각한 것이 무엇인지를 판단하거나 해석하는 것'입니다. 아까 전의 '붉고 둥글고, 위쪽에 갈색 선이 나 있다'라는 물체에 대해 자신의 기억과 대조함으로써 '이것은 사과다'라고 판단하는 것을 가리킵니다.

기준 1 : 눈을 따른다

도해 작성의 기준인 '눈을 따른다'는 인간의 인지 프로세스의 세 단계 '① 감각, ② 지각, ③ 인지' 중에서 '① 감각'의 기준이 됩니다.

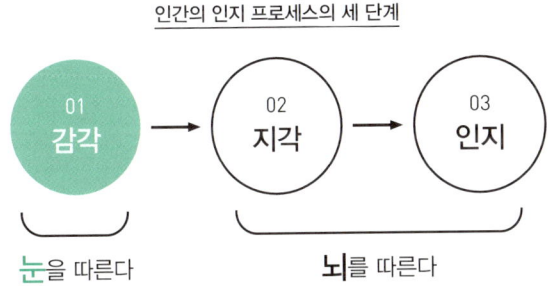

'눈을 따른다'란 즉, '눈이 감각으로 포착할 수 있도록 만들자'라는 뜻입니다. 만약 눈을 따르지 않고 도해를 만들면, 도해를 본 사람은 '뭔지 알아보기 힘들다' '차이를 알 수 없다' '뭐가 그려져 있는지 잘 안 보인다' 등의 피드백을 줄 것입니다.

그러한 피드백을 받지 않도록 하려면 눈이 포착하기 쉬운 폰트 사이즈나 콘트라스트, 색각 다양성 등을 의식해서 도해를 만들어야 합니다. 이것이 바로 '눈을 따른다'입니다.

● '눈을 따른다' 기준의 예 ① : 폰트 사이즈

폰트 사이즈는 말 그대로 '문자(의 서체)의 크기'입니다. 눈을 따르기 위해서는 문자에서 최소한의 크기를 확보할 필요가 있어요. 최소한의 크기를 확보하는 것은 문자만이 아니라 도형이나 그림에도 해당하지만, 대부분의 경우 크기가 너무 작았을 때 감각으로서 받아들이지 못하는 문제가 생기는 건 문자입니다.

폰트 사이즈가 너무 작으면 '문자는 보이지만 읽을 수 없다'만이 아니라 '문자 자체가 안 보인다'라는 상황이 생기지요. '문자는 보이지만 읽을 수 없다'란, 감각도 지각도 작용하지만 인지할 수 없다(과거에 '만수과'라는 글자를 읽어본 적이 없다)의 상태입니다. 한편 '문자 자체가 안 보인다'는 배경의 색(빛)과 문자 색(빛)의 차이 폭이 너무 작아서 감각으로 포착하지 못하는 상태지요.

보이지만 읽을 수 없다	자체가 안 보인다
만수과	–

스스로에게도 보이지 않는 폰트 사이즈로 만들지 않도록 주의하는 것은 물론이요, 실제 도해를 보는 사람은 누구인지, 어디서 보는지를 의식해서 도해를 만들어야 합니다. 예를 들어, 도해를 보는 사람을 고령자로 상정하는 경우나 컴퓨터로 만든 도해를 스마트폰으로 보게 할 경우에는 폰트 사이즈를 크게 설정하는 게 좋겠지요.

● '눈을 따른다' 기준의 예 ② : 콘트라스트(대비)

콘트라스트는 대비, 즉 '두 가지 이상 사물의 차이'를 의미합니다. 콘트라스트가 너무 작으면 눈이 감각을 통해 차이를 두지 못해 나눌 수 없다, 다시 말해 차이를 알 수 없는 상태가 되어버리는 것입니다.

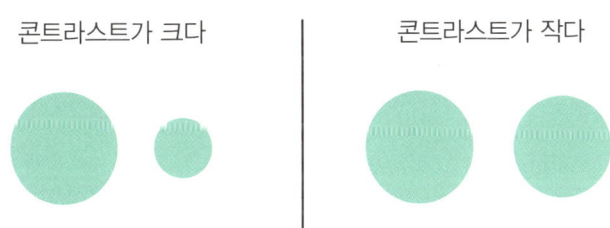

콘트라스트에는 다양한 종류가 있습니다. 대표적인 것은 색의 콘트라스트겠지요. 그 외에도 크기의 콘트라스트나 형태의 콘트라스트 등 콘트라스트는 시각 속성의 수만큼 있습니다.

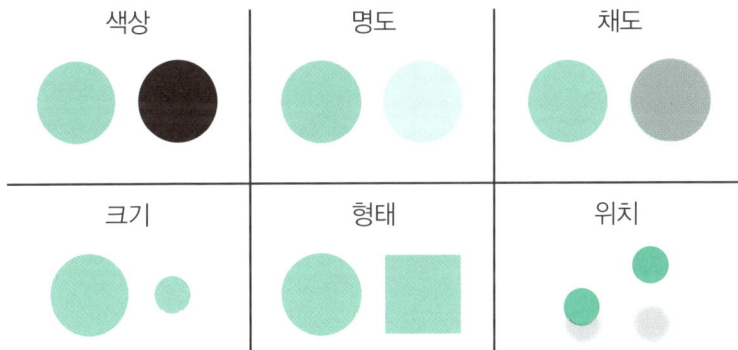

시각 속성이란 '시각적인 특징'을 의미합니다. 콘트라스트의 종류에서도 소개한 것처럼 시각 속성에는 색이나 크기, 형태 등 다양한 것이 있어요. 시각 속성에서 일정 이상의 콘트라스트를 주면(차이를 주면), 도해를 보는 이의 눈은 대상을 주위와는 다른 빛의 자극으로서 받아들입니다.

방향	길이	굵기	크기
형태	굽기	표시	둘레
위치	색상	명도	채도

● '눈을 따른다' 기준의 예 ③ : 색각 다양성

색각 다양성이란 '사람에 따라 색을 식별하는 세 종류의 추체(錐體)[9]가 기능하는 정도는 다르다(=색이 보이는 방식은 여러 가지다)'를 의미합니다.

보통은 '색각 이상'이라고 불리지만 일본 학계에서는 2017년 9월부터 '색각 다양성'이라는 단어로 대체하기로 했습니다. 예를 들어, 세 종류의 추체를 모두 갖추고 있는 'C형' 색각의 사람과 녹색 빛을 느끼는 추체가 없는 'D형' 색각의 사람은, 다음 그림이 다르게 보입니다. C형의 사람 눈에서는 두 원이 다른 감각으로 받아들여져도, D형의 사람 눈에는 같은 감각으로 받아들여지곤 합니다.

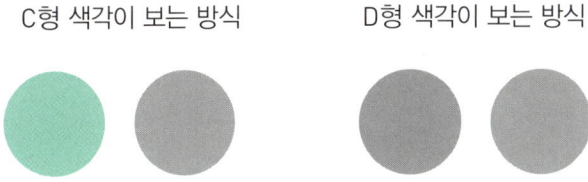

도해를 만들 때, 모든 색각을 고려해 색을 고르는 것은 어렵겠지만 이런 다양성이 있음을 인식하면 좋을 것입니다. 또한 색이 아닌 시각 특성을 사용하거나 색과는 다른 시각 특성을 조합하여 콘트라스트를 넣으면 색각 다양성에 대응하는 도해를 만들 수 있을 거예요.

---

9 척추동물에서 빛을 받아들이고 색을 구별하는 시각 세포.

기준 2 : 뇌를 따른다

다음은 도해의 세 단계를 진행할 때의 두 번째 '기준', '뇌를 따른다'를 살펴봅시다. '뇌를 따른다'란 인간의 인지 프로세스 3단계 '① 감각, ② 지각, ③ 인지' 중에서 '② 지각, ③ 인지'의 기준이 됩니다.

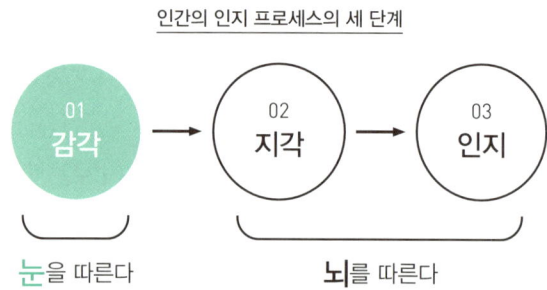

인간의 인지 프로세스의 세 단계

'뇌를 따른다'란 쉽게 말해 '뇌가 지각 및 인지하기 좋게 만들자'라는 뜻입니다. '기준'의 첫 번째인 '눈을 따른다'는 '눈이 감각으로 포착할 수 있도록 만들자'였지요. 그러나 눈이 감각으로 포착하더라도 이해하지 못하는 상황이 일어나기도 합니다.

'잘 보니 차이를 알 것 같긴 한데 그냥 봐서는 알아보기 어렵다' '내가 가지고 있는 이미지와 달라서 알기 어렵다' '정보가 너무 많아서 잘 모르겠다'. 이와 같은 피드백은 한마디로 뇌의 인지 부하가 높아 발생합니다. 인지 부하를 낮추려면 눈에서 얻은 정보를 뇌가 편하게 처리하려면 '뇌에 따른다'라는 의식을 갖춰야 해요.

여기서는 '뇌를 따른다'를 위해 의식해야 할 예로서 콘트라스트, 게슈탈트, 착각, 시선 유도, 멘털 모델이라는 다섯 가지를 소개하겠습니다.

● '뇌를 따른다' 기준의 예 ① : 콘트라스트(대비)

콘트라스트에 대해서는 '눈을 따른다'에서도 소개했습니다. 콘트라스트는 대비, 다시 말해 '두 가지 이상 사물의 차이'라는 뜻이었지요.

차이가 너무 작으면 눈이 감각으로서 포착할 수 없어서 '나눌 수 없는' 상태가 되지만, 만약 감각으로서 포착해서 나눌 수 있다고 하더라도 차이가 너무 미미하면 한눈에 나눌 수 없고, 자세히 들여다 봐야 합니다. 한눈에 바로 알아볼 수 있도록 하려면 뇌가 처리하기 쉬울 정도로 콘트라스트가 커야 해요.

> 콘트라스트가 크고 알아보기 쉽다
>
> 콘트라스트가 작고 알아보기 어렵다
>
> 콘트라스트가 작고 알아볼 수 없다

또한 두 개의 텍스트 사이(예를 들면 표제와 본문)의 폰트 사이즈의 비율, 즉 폰트 사이즈의 콘트라스트 비율은 '점프율'이라고 불립니다. 점프율도 콘트라스트와 마찬가지로 크다고 무조건 좋은 건 아니지만, 어느 정도의 점프율을 확보하는 것이 문장에 강약 조절을 줄 수 있습니다.

점프율이 높음

타이틀
표제
텍스트 텍스트 텍스트 텍스트 텍스트
텍스트 텍스트 텍스트 텍스트 텍스트
텍스트 텍스트 텍스트 텍스트 텍스트
텍스트 텍스트 텍스트 텍스트 텍스트

점프율이 낮음

타이틀
표제
텍스트 텍스트 텍스트 텍스트 텍스트
텍스트 텍스트 텍스트 텍스트 텍스트
텍스트 텍스트 텍스트 텍스트 텍스트
텍스트 텍스트 텍스트 텍스트 텍스트

● '뇌를 따른다' 기준의 예 ② : 게슈탈트

게슈탈트란 독일어로 'Gestalt : 모양, 형태, 차림'에서 유래한 단어로, 사전에서 '게슈탈트'라는 단어를 찾아보면 다음과 같은 뜻이 나옵니다.

> ▶ **게슈탈트(〈독일〉 Gestalt)**
> 《형태 및 모습 등의 뜻》 시각 현상이나 인지 활동을 설명하는 개념으로, 부분의 총계로서 인식할 수 없는 합체 구조에 갖춰진 특유의 전체적 구조. 형태.

게슈탈트의 대표적인 예는 음악의 멜로디입니다. 하나하나의 음을 그냥 울리는 (부분의 총계) 것과는 별개로, 음이 이어짐으로써 멜로디(특유의 전체적 구조)를 느낄 수 있기 때문입니다.

'게슈탈트 붕괴'라는 단어는 많이 들어봤을 것입니다. 게슈탈트 붕괴는 즉, 전체적 구조가 붕괴한다는 뜻이지요. 예를 들어, '가'라는 글자 하나를 몇 분 정도 계속 보고 있으면 점차 '가'를 문자로 받아들이기 어려워지면서 서서히 몇 개의 선의 집합처럼 보이게 되고 맙니다. 이 현상이 바로 게슈탈트 붕괴입니다.

이처럼 인간은 형태를 볼 때, 무의식적으로 몇 가지의 덩어리로 지각 및 인지하려는 경향이 있습니다. 이것을 게슈탈트 원칙(게슈탈트의 법칙)이라고 부르며, 게슈탈트 원칙에 따라 글자, 도형, 그림을 배치함으로써 인지 부하를 낮추고, 알기 쉬운 형태로 갖출 수 있습니다.

게슈탈트 원칙의 예

접근

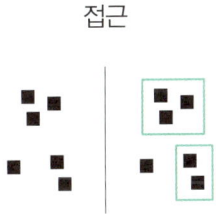

물리적으로 가까운 요소끼리를
같은 그룹으로 인식한다.

동류

색, 형태, 크기 등이 비슷한 요소끼리를
같은 그룹이라고 인식한다.

둘레

둘러싼 것을 같은 그룹으로 인식한다.

폐합(閉合)

부분적으로는 빠져 있어도 머릿속에서
이미 어떤 완성된 것을 연상한다.

연속

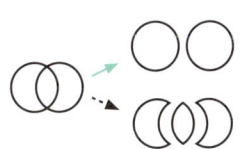

명시적으로 연속되어 있지 않은 것을
연속한 하나의 덩어리로 인식한다.

접합

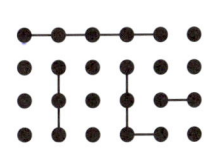

물리적으로 이어져 있는 요소끼리를
같은 그룹으로 인식한다.

면적

겹친 그림은 면적이 작은 쪽을 주된 것,
앞에 있는 것으로 인식한다.

공통 운명

같은 방향으로 움직이고 있는
요소끼리를 같은 그룹이라고 인식한다.

대칭성

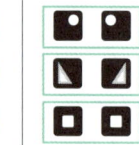

대상이 되어 있는 요소끼리를
같은 그룹으로 인식한다.

그림과 바탕

영역을 요소(그림)와 배경(바탕)으로
나누어 인식하고, 바탕은 거의
지각되지 않는다.

● '뇌를 따른다' 기준의 예 ③ : 착시

착시란 시각에 의한 착각으로, '눈은 정상인데 실제 대상과는 다르게 지각하는 것'을 의미합니다. 착시는 길이나 크기 등 여러 시각 속성에 영향을 줍니다. 도해를 만들 때, 설령 데이터상으로는 같은 도형이나 색 등을 쓰고 있더라도 인간의 뇌는 다른 것으로 받아들일 가능성이 있다는 점에 주의하며 도해를 만들어야 해요.

착시의 예

뮐러-라이어 착시

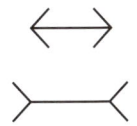

같은 길이의 선이라도 살깃을 안쪽 방향으로
붙이면 선분은 짧게 보이고 바깥 방향으로
붙이면 선분은 길게 보인다.

에빙하우스 착시

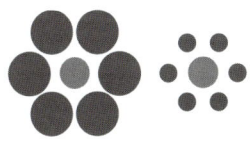

같은 길이의 원이라도 큰 원에 둘러싸이면
작게 보이고 작은 원에 둘러싸이면
크게 보인다.

델뵈프 착시
(바깥 원이 작게 보임)

원의 안쪽에 조금 작은 원을 그리면
바깥 원이 작게 보인다.

델뵈프 착시
(안쪽 원이 작게 보임)

원의 바깥쪽에 조금 큰 원을 그리면
안쪽 원이 크게 보인다.

폰조 착시

두 개의 선이나 동그라미는 각각 같은 길이와 크기지만 정점에 가까운 쪽이 더 길고 더 크게 보인다.

제스트로 착시

두 개의 도형은 같은 크기지만 안쪽에 있는 것이 더 크게 보인다.

다이아몬드 착시

두 개의 정사각형은 동일한 크기지만, 45도로 기울인 쪽이 더 커 보인다.

포겐도르프 착시

사선은 일직선이지만 단편이 엇나가 있는 것처럼 보인다.

카페 벽 착시

회색 수평선이 위에서부터 순서대로 오른쪽, 왼쪽, 오른쪽, 왼쪽으로 기울어진 것처럼 보인다.

오펠-쿤트 착시

오른쪽에서 두 번째의 세로 선은 정확히 좌우 끝 선분의 중간에 위치하지만 오른쪽에 치우친 것처럼 보인다.

● '뇌를 따른다' 기준의 예 ④ : 시선 유도

시선 유도란 인간의 눈이 보는 방향을 의도적으로 이끄는 것을 뜻합니다. 인간의 눈은 사물을 볼 때, 시선이 움직이는 순서에 패턴이 있고 그 패턴을 무너뜨릴 정도로 강력하게 시선을 모으는 대상이 있기도 합니다.

그렇게 시선을 움직이는 순서나 시선을 모으기 쉬운 대상이 무엇인지를 이해한 후에 도해에 있는 글자, 도형, 그림을 적절히 배치하면, 자연스러운 시선 움직임을 따라 내용을 볼 수 있어서 인지 부하를 낮출 수 있습니다.

대표적인 시선의 움직임 순서 패턴에는 'Z의 법칙'이나 'F의 법칙'이 있습니다. 시선의 움직이는 방향이 알파벳 Z나 F와 비슷해서 이러한 이름이 붙었지요.

Z의 법칙은 전단 등 정적인 화면이나 적혀 있는 내용 전체상을 파악하고 싶은 경우에 보이는 시선 움직임의 대표적 패턴입니다. F의 법칙은 Web 등의 동적인 화면이나 읽고 싶은 내용이 적혀 있는 부분만 탐색하려고 할 때 보이는 시선 움직임의 대표적 패턴이지요.

시선의 움직임 패턴 ① Z의 법칙

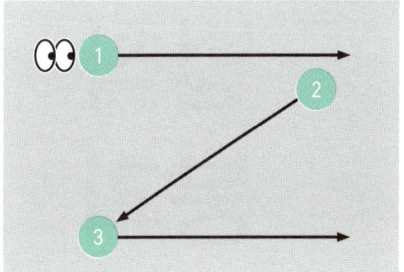

Z의 법칙

내용 전체상을 파악하고 싶을 때 보이는 대표적인 시선의 움직임

전단이나 광고 배너, 홈페이지의 Top 화면 등에서 사용되기 쉬운 배치 패턴

시선의 움직임 패턴 ② F의 법칙

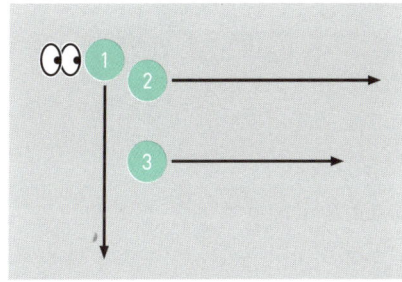

F의 법칙

정보를 탐색하려고 할 때 보이는 대표적인 시선의 움직임

Web의 검색 결과나 홈페이지의 상세 화면 등에서 사용되기 쉬운 배치 패턴

　Z의 법칙이나 F의 법칙은 기본적인 시선의 움직임 순서지만, 큰 글자나 도형, 그림은 그 순서를 무너뜨릴 정도로 시선을 유도하는 힘이 강력한 요소입니다. 패턴으로 따지자면 '큰 요소부터 작은 요소로 시선이 움직인다'라고 할 수 있을 것입니다. 큰 요소는 시선을 유도하는 힘이 강하므로, Z의 법칙이나 F의 법칙을 무너뜨려 우선 큰 요소부터 시선을 모으게 할 수 있습니다.

사이즈를 크게 해서 법칙을 무너뜨린다

법칙이 무너질 때

Z의 법칙이나 F의 법칙은 기본적인 시선의 움직임 순서지만, 큰 글자나 도형, 그림은 그 순서를 무너뜨릴 정도로 시선을 유도하는 힘이 강력한 요소입니다. 패턴으로 따지자면 '큰 요소부터 작은 요소로 시선이 움직인다'라고 할 수 있을 것입니다.

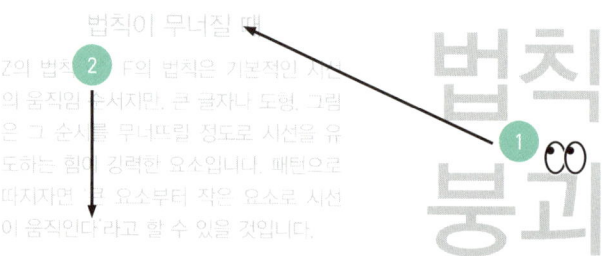

그 외에도 시선을 유도하는 특수한 요소로서 '사람의 얼굴 방향'이나 '화살표 방향'이 있습니다. 예를 들어, 오른쪽을 향한 사람의 얼굴이나 오른쪽 위를 향한 화살표를, 그리고 그 방향 끝에 보여주고 싶은 요소를 배치함으로써 자연스럽게 보이고 싶은 요소에 시선을 유도할 수 있어요.

시선 유도를 촉진하는 요소

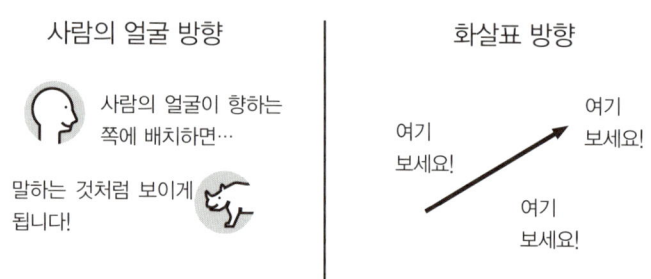

● '뇌를 따른다' 기준의 예 ⑤ : 멘털 모델

　멘털 모델이란 인간이 세상을 이해하기 위해 활용하는 뇌의 인지적인 구조, 짜임새를 일컫습니다. 우리가 세상을 지각, 인지하고 더 나아가 의사 결정이나 행동으로 옮기기 위해 도움이 되는 추상적인 이미지나 개념을 멘털 모델이라고 합니다.

　예를 들어, 숲속에서 야생 곰과 마주쳤다고 합시다. 그때 '야생 곰은 위험하다'라는 멘털 모델을 가지고 있는 사람은 바로 도망갈지도 모르고, '야생 곰과 마주쳤을 때 도망치는 건 위험하니까 죽은 척을 해야 한다'라는 멘털 모델을 가진 사람은 죽은 척을 할지도 모르지요. 또한 '야생 곰은 사냥하기에 알맞은 동물이다'라는 멘털 모델을 가진 사람이라면 곰을 사냥할 행동을 취할지도 모릅니다.

　이처럼 멘털 모델은 인간이 발생한 사건에 대해 어떠한 의미를 부여하고, 판단이나 행동으로 옮기는 데 큰 영향을 줍니다. 멘털 모델은 개인이나 문화에 따라 다를 때도 많고, 행동 결과에 따라 갱신될 때도 있지요.

　시선 유도의 항목에서 'F의 법칙'과 'Z의 법칙'을 설명했는데, 이는 '문장은 왼쪽에서 오른쪽으로 읽는 것이다'라는 멘털 모델이 있는 사람에게만 적용되는 법칙입니다. 예를 들어, '무지개'라는 단어를 봤을 때 현대 한국인이라면 왼쪽에서 오른쪽으로 '무지개'라고 읽을 것이고, 아라비아어권의 사람이라면 '개지무'라고 오른쪽에서 왼쪽으로 읽겠지요.

　굳이 '현대 한국인'이라고 한 이유는 조선 시대에는 오른쪽에서 왼쪽으로 '개지무'라고 읽었을 가능성이 높기 때문입니다. 조선 시대에는 한문이 주류 문자로, 한문 서책의 기본 방향에 따라 세로 쓰기이면서 오른쪽에서 왼쪽으로 글자를 읽고 쓰는 것이 일반적이었습니다. 즉 대다수 조선인들은 '오른쪽에서 왼쪽으로 글을 읽으면 의미를 파악할 수 있다' '오른쪽에서 왼쪽으로 글자를 쓰는 게 올바르다'라는 멘털 모델을 갖고 있었을 겁니다. 이처럼 같은 역사를 공유하는 나라라고 하더라도 시대가 다르면 멘탈 모델도 달라집니다. 우리는 태어나서 지금까지 겪은 체험 및 경험에 따라 멘탈 모델을 구축하고, 멘탈 모델에 의지하기도 혹은 구속되면서 살고 있어요.

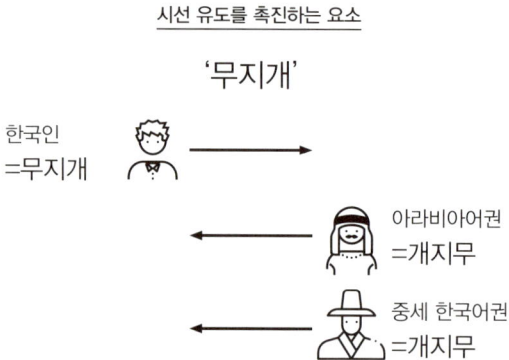

도해를 만들 때 특히 주의해야 하는 점은 동그라미(○)와 가위표(×)의 멘탈 모델입니다. 한국에서는 일반적으로 동그라미가 '결정, 네, OK, 정답'을, 가위표가 '취소, 아니오, NG, 오답' 등의 의미 기호로 사용되고 있지만, 서양권에서는 반대의 의미로 사용됩니다.

실제로 소니 인터랙티브 엔터테인먼트가 발매하는 가정용 게임기 'PlayStation®' 시리즈의 콘트롤러에는 '○, ×, □, △'의 네 가지 버튼이 있는데, 한국의 'PlayStation 4'까지는 ○ 버튼이 결정, × 버튼이 취소로 할당되어 있었습니다. 그러나 'PlayStation 5'부터는 서양권의 멘탈 모델로 통일되어, 전 세계적으로 서양권과 동일하게 ○ 버튼이 취소, × 버튼을 결정을 의미하는 것으로 정해지게 됐습니다.

<u>도해</u>를 보여주고 싶은 대상이 어떤 멘털 모델을 가지고 있는지를 고려해서 만들지 않으면, 의도와 정반대의 의미로 받아들이게 될 가능성도 있다는 뜻입니다.

또한 '예시'도 멘털 모델이 크게 관련되어 있습니다. 예시란 어떤 현상 등을 이해하거나 이해시키고자 할 때 다른 현상으로 치환하여 이해를 촉구하는 방법입니다. 예시를 들면 '이야기를 이해하기 쉬워 큰 도움이 된다'라고 좋은 평을 받을 수도 있지만, '예시 방법이 너무 엉망이다'라는 평가를 받을 때도 있습니다.

알기 쉬운 예시란, 정보를 받아들이는 사람의 멘털 모델이 얼마나 거기에 가까운지에 따라 결정됩니다. 예를 들어 '이 토지의 넓이는 60,000헥타르입니다'라고 해도 크게 감이 오지 않을 겁니다. 사람들 대다수는 '1헥타르가 어느 정도의 크기인가'라는 멘털 모델이 없어서 인지하는 게 어렵지요.

그렇다면 거기서 '60,000헥타르는 서울시 전체 면적과 비슷한 크기입니다'라고 부연 설명을 하면 어떨까요? 1헥타르보다도 서울이 어느 정도의 크기인지에 관한 멘털 모델을 가진 사람이 더 많을 것이고, 설령 서울의 넓이를 모른다고 하더라도 부산이나 인천, 대전 등 다른 대도시에서의 경험으로 얻은 멘털 모델을 통해 대략적인 크기를 상상할 수 있는 사람도 더 생길 것입니다.

여기에 '서울은 제주도 면적의 약 3분의 1에 해당합니다'라고 덧붙인다면 어떨까요? 서울은 상대적으로 압축된 도심이고, 제주도는 섬 전체를 하나의 공간 단위로 인식하기 때문에, 서울보다 제주도에 대해 더 명확한 공간 이미지를 갖고 있는 사람에게는 이 비교가 더 효과적으로 다가올 수 있습니다. 서울에 대한 멘털 모델과 제주도에 대한 멘털 모델의 해상도에는 사람마다 차이가 있고, 본인에게 더 해상도가 높은 멘털 모델에 대조해서 생각하면 사물을 더 잘 이해할 수 있게 됩니다.

반대로 한국에 대해 전혀 알지 못하는 외국인에게 '서울 크기', '제주도의 3분의 1'이라고 예시를 들어도 금방 이해하지 못합니다. 서울이나 제주도에 대한 멘털 모델이 없기 때문이지요. 이해하기 쉬운 예시를 하려면 대상이 어떤 멘털 모델을 가지고 있는지를 의식해야 합니다.

예시는 일상 속 여러 곳에서 사용하는 표현 방법이므로 한번 찾아보세요.

▶ 예
- '레몬 1,000개분의 비타민 C'라고 적혀 있는 청량음료
- '사과 5개분의 무게'의 체중을 가진 캐릭터
- 컨설팅 회사 등에서 사용하는 프레임 워크 '하늘, 비, 우산'[10]

---

10 (역주) '하늘, 비, 우산'이란 논리적 사고의 기본적인 프레임 워크이다. '하늘'이 흐리다(사실의 확인), '비'가 내릴 것 같다(사실을 통한 해석), '우산'을 가지고 가자(해석을 통한 결론)와 같이 세 단계로 생각하는 과정이다.

지금까지 도해를 만드는 세 가지 순서와 두 가지 기준을 소개했습니다. 도해는 요소와 관계를 '눈을 따른다'와 '뇌를 따른다'라는 두 가지 기준을 가지고 '정리' '정돈' '도화'로 만들 수 있습니다. 설령 아무리 복잡한 정보를 도해한다고 해도 몇 번 반복될지언정 하는 일은 다를 게 없습니다.

그렇지만 도해에는 어떠한 '형태'가 있습니다. 형태란 프레임 워크라고 부르는 것이지요. 여러 가지를 도해로 만들어도 이를 보여주는 방법에는 몇 가지 패턴이 있습니다. 예를 들어서 도해 만드는 법의 순서에 등장했던 '표'도 프레임 워크 중 하나입니다.

제4장에서는 도해 프레임 워크를 소개하겠습니다. 프레임 워크를 미리 알아두면 '이 정보를 가지고 어떤 도해 프레임 워크로 표현하면 좋을지' 이미지를 그리기 쉬워지므로 더욱 순조롭게 도해를 만들 수 있게 됩니다.

제 4 장
도해의 How ②
도해화를 위한 기본 형태
'도해 프레임 워크 9'

우리 주변에 있는 도해의 90퍼센트는 아홉 가지의 프레임 워크인 '도해 프레임 워크 9'의 조합으로 표현됩니다. 각각의 개요, 사용할 때, 특징이나 주의점을 소개하겠으니 이를 통해 '알기 쉬운 도해'를 만들 때 힌트만 될 뿐만 아니라 도해를 보는 눈도 기를 수 있습니다.

제4장의 개요를 도해로 표현해 봤다

90퍼센트의 도해를 표현할 수 있는 아홉 개의 형태

'무엇이 어디에 위치하는가'
=
정보의 '비교'에 초점을 맞춘다

매트릭스
Matrix

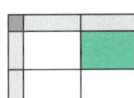

맵핑
Mapping

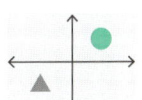

그래프
Graph

'어떻게 보이는가'
=
정보의 '구조'에 초점을 맞춘다

오일러
Euler

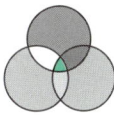

트리
Tree

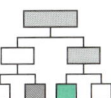

피라미드
Pyramid

'무엇이 어떤 식으로 기능하는가'
=
정보의 '순서'에 초점을 맞춘다

코릴레이션
Correlation

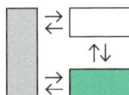

플로우
Flow

사이클
Cycle

도해를 다스리는 아홉 개의 프레임 워크

제4장에서는 자주 사용되는 도해의 형태인 프레임 워크를 소개하겠습니다. 프레임 워크란 '사고의 짜임새'를 의미합니다. 도해에는 크게 세 개의 카테고리, 아홉 개의 프레임 워크가 있습니다. 제가 느끼기에는 세상에 있는 도해의 90퍼센트는 이제부터 소개할 아홉 개의 프레임 워크인 '도해 프레임 워크 9' 그 자체나 혹은 이것들의 조합으로 표현할 수 있습니다.

'도해 프레임 워크 9'를 알아두면 어떤 도해를 만들 때 '이번에는 이런 내용을 전달하고 싶으니 이 프레임 워크를 쓰자'라고 감을 잡기 쉬워집니다. 또한 도해를 봤을 때 '이 도해는 이런 프레임 워크로 만들었구나' '이런 표현 방법도 있구나?'라고 도해를 카테고리에 따라 분류할 수도 있어서, 도해 그 자체의 이해도 깊어지고 표현 방법의 종류도 다양하게 익힐 수 있습니다.

그러나 반대로 뭐든지 프레임 워크에 맞추려 하는 사고 정지에 빠질 우려가 있다는 점이나 새로운 표현 방법의 아이디어를 떠올리기 힘들어질 가능성이 있습니다. 프레임 워크는 어디까지나 표현 방법의 참고로 사용하는 데 그치고, 사고 패턴 자체가 프레임 워크에 사로잡히지 않도록 주의해야 합니다.

지금까지 프레임 워크의 장단점을 알아봤습니다. 그럼 이제 아홉 개의 프레임 워크 전체를 살펴봅시다.

도해 프레임 워크 9

'도해 프레임 워크 9'는 정보의 무엇에 초점을 맞추느냐에 기준점에 따라 크게 세 가지 카테고리로 나누고, 카테고리마다 세 개씩 총 9개의 프레임 워크로 구성되어 있습니다.

도해 프레임 워크 9

여기서 도해를 의미하는 영어 단어 'Diagram'의 정의를 다시 살펴봅시다.

▶ di · a · gram
a simple drawing or plan that shows exactly where something is, what something looks like, or how something works

번역하자면 '무엇이 어디에 있는지, 어떤 식으로 보이는지 혹은 무엇이 어떻게 기능하는지를 정확히 제시하는 간단한 도 혹은 계획'이지요. 사실은 이 정의의 앞부분에 있는 '무엇이 어디에 있는지' '어떤 식으로 보이는지' '무엇이 어떻게 기능하는지', 이 세 가지가 '도해 프레임 워크 9'의 세 가지 카테고리와 대응합니다.

'무엇이 어디에 있는지' = ① 정보의 '비교'에 초점을 맞춘다

무엇이 어디에 있는지는 정보의 요소와 관계 중, 요소에 초점을 맞춘 표현입니다. 각각의 요소가 관계성 속에 어디에 위치해 있는지, 요소끼리를 비교함으로써 알 수 있게 되지요.

예를 들어 방 안에 책상과 의자, 책장이 있다고 합시다. 이때 '(방 안에) 무엇이 어디에 있는가'란 책상, 의자, 책장이라는 세 가지 요소가 동서남북이라는 관계성 속에서 방 어디에 위치하는지 그 요소 간의 비교를 가리킵니다.

'어떤 식으로 보이는지' = ② 정보의 '구조'에 초점을 맞춘다

어떤 식으로 보이는지는 정보의 요소와 관계 중, 관계에 초점을 맞춘 표현입니다. 부모 요소라고 할 수 있는 관계의 기준으로 분해했을 때, 자식 요소가 어떤 관계성으로 성립되어 있는지 구조화함으로써 부모 요소 전체상이 보이게 됩니다.

앞서 언급한 방의 모습을 예로 들어봅시다. 이때 '(방 안이) 어떤 식으로 보이는가'란 책상과 의자, 책장이 벽에 붙어 배치되어 있어서 공간이 넓게 보이고, 책상과 의자는 검은색이지만 책장은 붉은색이어서 책장이 눈에 띈다. 책상과 책장은 저렴해 보이지만 의자만 고급스러워 보인다 등, 위치, 색, 가격 같은 관계성의 기준을 조합함으로써 방 자체를 구조적으로 파악하는 것을 뜻합니다.

'무엇이 어떻게 기능하는지' = ③ 정보의 '순서'에 초점을 맞춘다

무엇이 어떤 식으로 기능하는지는 정보의 요소와 관계 중, 관계에 초점을 맞춘 표현입니다. 각 요소가 어떤 순서로 작용하는지, 요소 자체나 요소 간의 작용을 순서화하면 전체 시스템이 보이게 됩니다.

마찬가지로 같은 방을 예로 들겠습니다. 이때 '(방 안의) 무엇이 어떻게 기능하는지'란 의자는 사람이 앉을 수 있고, 책상은 사람이 책을 펼쳐둘 수 있고, 책장은 많은 책을 수납할 수 있는 기능이 있으며, '① 책을 책장에서 꺼낸다, ② 의자에 앉는다, ③ 책상에 책을 두고 읽는다'라는 순서로 기능하게 함으로써 방 자체를 하나의 독서 시스템으로 파악하는 것을 뜻합니다.

도해의 정의와 '도해 프레임 워크 9'의 관계

정확히 제시하는 간단한 도 혹은 계획

우선은 비교, 구조, 순서의 어디에 초점을 맞추는지를 의식하면, 적절한 프레임 워크를 고르기 쉬워집니다. 그럼 '도해 프레임 워크 9'를 하나씩 살펴봅시다.

① 매트릭스(Matrix) | 정보의 요소를 비교한다

도해 예

	외부 환경	
	기회 Opportunity	위협 Threat
강점 Strength	S×O	S×T
약점 Weakness	W×O	W×T

내부 환경

업계의 실적 비교

	2019년	2020년	2021년
A 업계	3,200억 원	4,300억 원	3,800억 원
B 업계	1,700억 원	2,200억 원	2,900억 원

개요

매트릭스란 '표'를 뜻하는 말입니다. 논문 등에서는 표와 도를 구분하지만, 이 책에서는 도의 패턴 속에 표가 있다고 보고 있습니다. 요소 간의 '차이'를 비교하고 싶을 때 사용하는 형태지요.

사용할 때

도해를 만들 때, 여러 선택지가 있어서 선택지 간을 비교하고 싶을 때, 누락이니 중복을 찾고 싶을 때 사용하면 편리합니다.

특징 · 주의점

매트릭스는 도해 작성의 3단계에 등장합니다. 즉, 앞으로 소개할 남은 여덟 가지의 도해 프레임 워크로 변환할 수 있는 조커와 같은 존재이며, 도해의 기본이 되는 형태입니다.

특징 ① [사분면 안에 그러데이션이 없다]

매트릭스에는 사분면 안에 그러데이션이 없습니다.

사분면이란 평면 위에서 직선으로 구분된 영역을 의미합니다. 예를 들어, 2행 2열의 매트릭스라면 구분된 면이 네 개, 3행 3열의 매트릭스라면 구분된 면의 수는 아홉 개입니다.

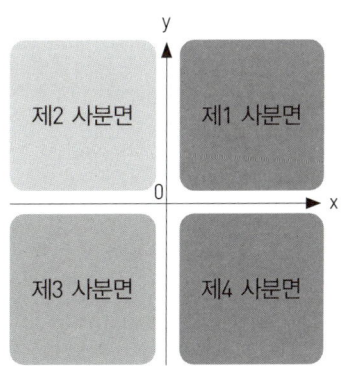

그리고 매트릭스의 경우, 같은 사분면 내의 다른 위치에 서로 다른 요소를 두어도, 요소가 가진 의미는 같고 차이가 생기지 않습니다(=그러데이션이 없다).

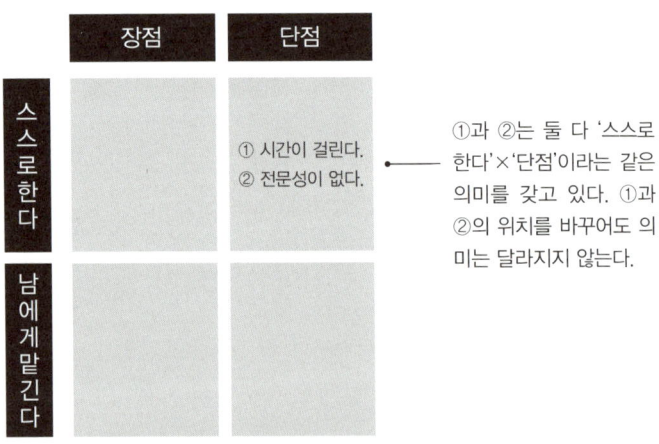

특징 ② [누락이나 중복을 찾아내기 쉽다]

자신의 생각을 매트릭스로 표현하면 문장에서는 놓치기 쉬운 누락이나 중복을 알아차리기 쉽습니다. 그러니까 MECE(mutually exclusive, collectively exhaustive)하게, 즉 누락이나 중복 없이 생각하고 있는지 확인하기 쉽다는 뜻입니다. 누락이나 중복을 찾아내면 누락된 곳을 어떻게 채울지, 중복된 것을 어떻게 없앨지 다음 사고로 나아갈 수 있어요.

② 맵핑(Mapping) | 정보의 요소를 비교한다

도해 예

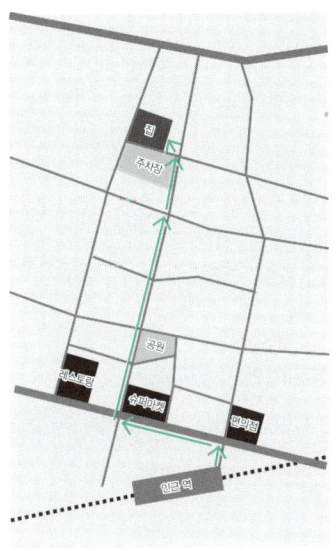

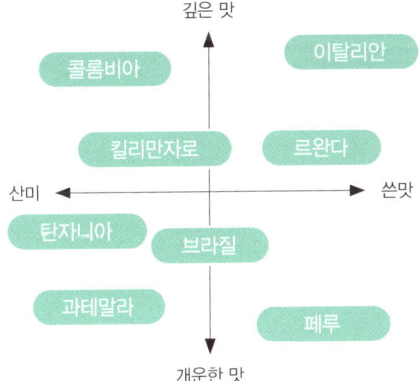

커피 풍미의 분포

개요

맵핑이란 그 이름대로 지도(map)처럼 평면 위에 요소를 플롯(plot, 점을 찍어 그림)하는 도해를 의미합니다. 일반적인 지도는 경도와 위도라는 축으로 등고선에 지표를 구분 짓고, 거기에 건물과 자연, 지형을 플롯하고 있습니다. 요소 간의 '위치'를 비교하고 싶을 때 사용하는 형태지요.

사용할 때

한눈에 요소 간의 위치 관계를 이해하고 싶을 때나 두 개의 관계(축)에 상관이 있는지를 알고 싶을 때, '빈 포지션'을 알고 싶고 전달하고 싶을 때 편리합니다.

특징 ① 사분면 안에 그러데이션이 있다

맵핑에는 사분면 안에 그러데이션이 있습니다. 즉, 같은 사분면 안에서도 어떤 위치에 요소를 두느냐에 따라 의미가 달라지는 특징이 있지요.

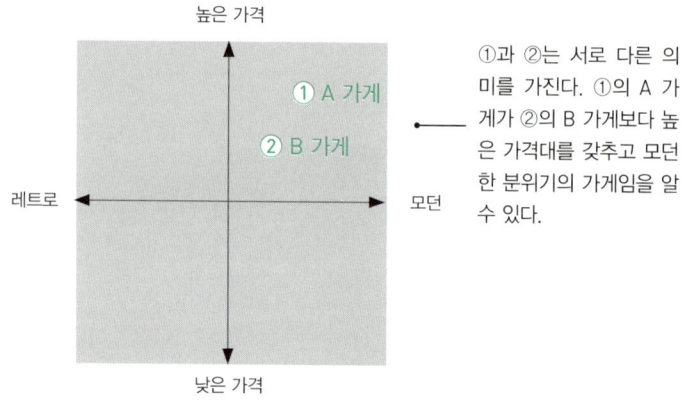

①과 ②는 서로 다른 의미를 가진다. ①의 A 가게가 ②의 B 가게보다 높은 가격대를 갖추고 모던한 분위기의 가게임을 알 수 있다.

특징 ② 상관성이나 '빈 포지션'을 표현할 수 있다

맵핑으로 만드는 순서는 우선 세로축과 가로축이 되는 기준점을 정하고, 그다음 정해둔 두 축 위에 요소를 플롯합니다. 요소를 플롯함으로써 두 축 사이에 어떤 상관성이 있는지, 요소가 플롯되지 않은 현상(=빈 포지션)을 표현할 수 있습니다.

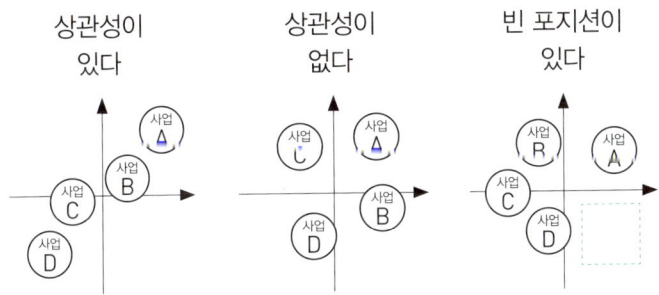

엑셀 등의 표를 보기만 해서는 이미지하기 어려운 상황에서, 맵핑은 여러 요소 간의 위치 관계나 상관관계를 시각적으로 이해하기 쉬운 프레임 워크입니다.

● ③ 그래프(Graph) | 정보의 요소를 비교한다

도해 예

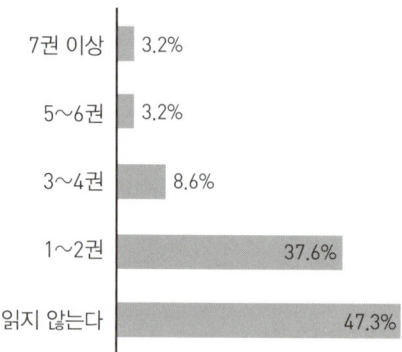

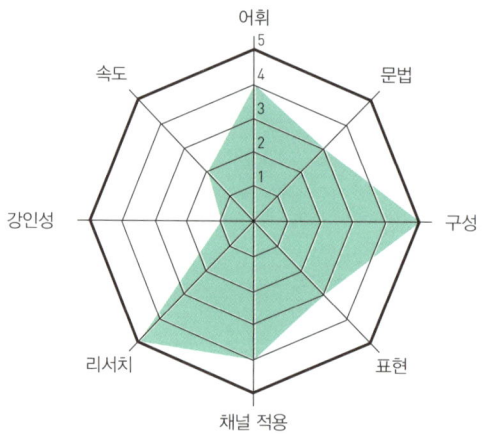

---
11 출처 : 일본 문화청 「국어에 관한 여론조사」(2018)

개요

그래프는 요소끼리의 수치 및 수량의 관계를 그리는 도해입니다. 막대 그래프나 꺾은선 그래프, 원그래프를 비롯해서 다양한 표현 방법이 있습니다. 요소 간의 '수치'를 비교하고 싶을 때 사용하는 형태입니다.

사용할 때

요소가 가진 수치나 수량의 관계를 비교하고 싶을 때, 수집한 수치 데이터로부터 전체 경향이나 변화를 이해하고 싶을 때, 설문조사 등으로 얻은 결정적인 결과를 알기 쉽게 표현하고 싶을 때 사용합니다.

주의점 ① [목적에 따라 그래프를 구분한다]

그래프에서는 데이터를 기반으로 무엇을 전하느냐에 따라 다양한 종류의 그래프에서 적절한 것을 골라야 합니다. 단순하게 수량의 많고 적음을 보이고 싶다면 '막대 그래프', 시계열 속에서 수량의 변화를 보여주고 싶다면 '세로 막대 그래프'나 '꺾은 선 그래프', 전체 속에서 비율이나 구성비를 보여주고자 하면 '원그래프'가 적합할 때가 많습니다.

구성비를 비교하고 싶을 때는 '띠 그래프'도 검토해 보세요. 또 수량이 분산되어 있는 경우를 보여주고 싶다면 '히스토그램'이나 '분포도'도 쓸 수 있을 것입니다. '분포도'는 맵핑으로도 볼 수 있지만, 분포도는 플롯하는 요소가 단순한 수치 데이터인 데 비해 맵핑에서는 요소에 글자나 도형 등 더 복잡한 정보를 다루는 점에서 차이가 있습니다. 그 외로는 '레이더 차트'와 같은 그래프도 있습니다.

주의점 ② 좋든 나쁘든 인간은 숫자를 잘 믿는다

　인간은 숫자를 제시하면 확실하다고 믿는 경향이 있습니다. 예를 들어 '이것이 성공할 확률은 상당히 높습니다'라고 말하는 것보다 '이것이 성공할 확률은 85퍼센트입니다'라고 말하는 표현이 더 신빙성이 있는 것처럼 느껴지지요.

　하지만 중요한 건 주장에 숫자가 있느냐 없느냐가 아니라 그 주장이 사실인지, 근거가 있는지 여부입니다. '숫자=사실'이 아니지요. 또한 숫자를 쓰면 좋지 않은 사실을 숨기고 보기 좋은 사실만을 보일 수도 있습니다.

　예를 들어, 어느 고등학교(A 고등학교)가 'A 고등학교의 B 대학 합격자 수가 작년은 50명, 올해는 60명으로 1.2배 증가했습니다!'라고 발표했다고 합시다. 겉으로 보기에는 A 고등학교는 작년보다 B 대학으로의 진학 성적이 좋은 것처럼 보입니다. 그러나 사실 B 대학의 정원이 작년은 1,000명이었지만 올해는 1,500명으로 늘었다면 어떨까요?

정원당 합격률로 다시 계산하면, 작년은 50/1000×100=5%, 올해는 60/1500×100=4%로 오히려 1퍼센트 낮아졌고, B 대학에의 합격률이 작년보다 나빠졌다는 뜻이 됩니다. A 고등학교는 진학 실적을 좋게 보이도록 하려고 내려간 합격률이 아니라 늘어난 합격자 수를 강조했던 겁니다.

이처럼 숫자에는 (제작자에게 유리하게) 가공하기 쉽다는 특징이 있습니다. 숫자를 봤을 때는 그걸 있는 그대로 받아들이지 말고, 어떤 데이터를 쓰는지, 제작자의 의도는 무엇인지 등 숫자의 이면에 있는 배경까지 의식해야 합니다.

● ④ 오일러(Euler) | 정보의 관계를 구조화한다

도해 예

IKIGAI의 구조를 설명한다[12]

30명에게 인터뷰한 결과를 제시한다

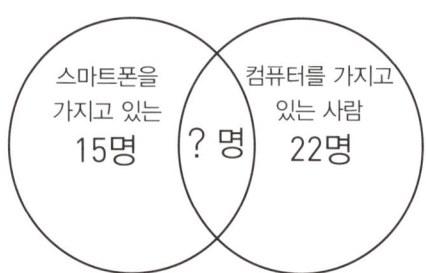

---

12 출처 : Héctor García, Francesc Miralles, Ikigai : The Japanese Secret to a Long and Happy Life, Penguin, 2017

개요

오일러는 '오일러 다이어그램'의 약칭입니다. 집합끼리의 관계성을 그린 도해를 의미합니다. 스위스의 수학자인 레온하르트 오일러가 고안한 것으로 오일러 다이어그램이라고 불리지요. 여러 요소나 관계의 '겹침'을 구조화하고 싶을 때 사용하는 형태입니다. 일반적으로는 원을 겹쳐서 표현합니다.

사용할 때

여러 조건이 겹침으로써 중요한 것을 설명하고자 할 때, 여러 요소나 관계끼리의 곱셈에 의해 요소가 성립되는 것을 설명하고자 할 때 씁니다.

주의점 ① 겹치는 원의 수는 2~4개

주식회사 리쿠르트[13]가 고안했다고 하는 프레임 워크 'Will-Can-Must'가 오일러의 대표적인 예입니다. 단, 오일러에서는 겹친 원의 수를 2개 → 3개 → 4개로 점점 늘려가면 표현할 수 있는 영역의 최대 수가 4개 → 8개 → 16개로 증가하며 복잡한 도해가 되고 맙니다. 상대방이 이해하기 쉬운 상태로 만들기 위해서는 겹친 원은 최대 네 개로 하는 것이 좋습니다.

원의 수와 표현할 수 있는 영역의 최대 수

원의 개수 = 2
영역의 최대 수 = 4

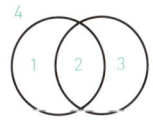

원의 개수 = 3
영역의 최대 수 = 8

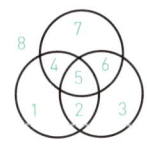

원의 개수 = 4
영역의 최대 수 = 16

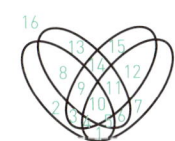

---

13 (역주) 도쿄도 치요다구 마루노우치에 본사를 둔 구인광고, 인재 소개, 인재 파견, 판매 판촉, IT 솔루션 등의 서비스를 제공하는 기업이다.

주의점 ② 오일러 다이어그램과 벤 다이어그램의 차이

앞서 그림으로 제시했던 오일러 다이어그램은 벤 다이어그램이라고도 부릅니다. 벤 다이어그램이란 '오일러 다이어그램 중 교차하는 모든 영역(집합)을 제시한 것'으로, 원의 개수를 n개로 했을 때의 벤 다이어그램은 영역의 수가 반드시 2의 n승 개가 됩니다.

즉, '오일러 다이어그램이긴 하나 벤 다이어그램이 아닌 도'와 '오일러 다이어그램이면서 벤 다이어그램인 도'가 있다는 뜻입니다. 모든 조합을 빠짐없이 표현하고자 할 때, 오일러 다이어그램이 벤 다이어그램이 되었는지를 확인해야 합니다.

오일러 다이어그램과 벤 다이어그램

오일러 다이어그램이지만 벤 다이어그램은 아닌 도	오일러 다이어그램이기도 하고 벤 다이어그램이기도 한 도
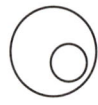 	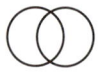

● ⑤ 트리(Tree) | 정보의 관계를 구조화한다

도해 예

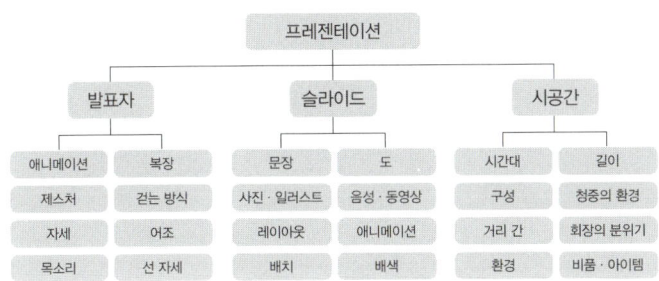

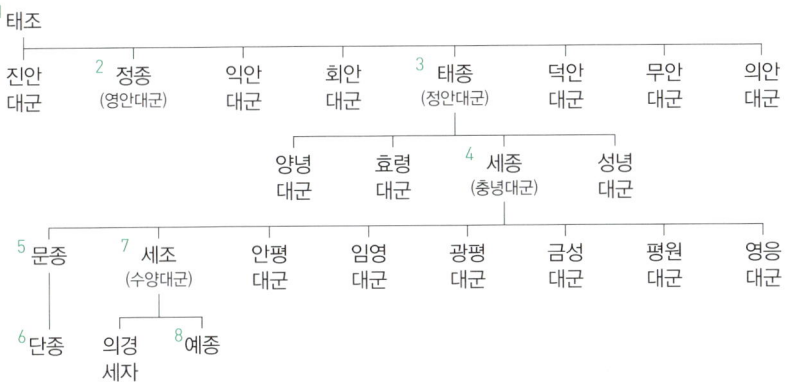

개요

트리는 요소의 계층이나 분해 구조를 그린 도해를 뜻합니다. 나무의 가지처럼 나뉜 모습을 두고 트리 구조 혹은 수형도(樹形圖)라고 부르기도 합니다. 여러 요소를 '계층'이나 '분해'의 구조로 표현하고자 할 때 쓰는 형태지요.

사용할 때

여러 요소나 관계 간의 덧셈에 의한 요소가 성립됨을 설명하고자 할 때, 어떤 일을 MECE로 요소 분해해서 생각하거나 표현하고 싶을 때 씁니다.

특징 ① 요소의 수가 많아도 전체적인 느낌을 잃기 어렵다

트리의 요소를 하나 늘리고 싶을 때 늘어나는 것은 요소 하나당 선 하나뿐입니다. 도 전체를 통해 관계성이 통일되어 있으므로 관계성의 설명이 생략되어 있을 때가 많고, 동시에 부모 요소와 자식 요소가 일대일로 연결되므로 요소의 수가 많아도 도해가 복잡해지지 않으면서 전체상을 파악하기 쉬운 특징이 있습니다.

트리의 대표적인 예로서 회사의 조직 구조를 나타내는 조직도나 문제 해결의 프레임 워크인 '로직 트리' 등이 있습니다.

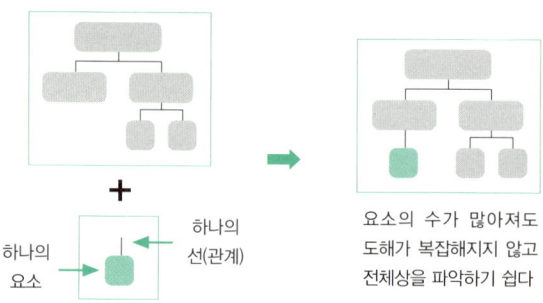

특징 ② 어려울 때는 '기타' 카테고리를 쓸 수 있다

트리는 부모 요소를 더욱 세부적인 자식 요소로 분해해서, 그 부모 자식 관계나 전체상을 전달할 때 쓰는 프레임 워크입니다. 자식 요소를 모두 더하면 부모 요소가 되는 '덧셈의 요소 분해', 또는 자식 요소를 모두 곱하면 부모 요소가 되는 '곱셈의 요소 분해' 중 어느 하나의 로직 혹은 그 조합으로 만듭니다.

특히 '덧셈의 요소 분해'로 만들 때는 거의 만능이라고 할 수 있는 자식 요소 카테고리 '기타'를 쓸 수 있습니다. 자식 요소를 잘 분해하기 어렵거나 자식 요소의 수가 너무 많아서 노가 복잡해질 때는 '기타'로 정리해서 지식 요소로 만들 수 있지요.

곱셈의 요소 분해

매상 ┬ 내객의 수 ┬ 손님 수
    │   ×   │   ×
    └ 손님 단가 ┤   빈도
              │   ×
              └   기타

자식 요소로 분해했을 때 곱셈이 성립될 수 있도록 요소를 고려할 필요가 있다.

덧셈의 요소 분해

동물 ┬ 포유류 ┬ 사람
    │   +   │   +
    ├ 조류 ┤   개
    │   +   │   +
    └ 기타 └ 기타

자식 요소의 분해가 어려울 때는 만능 카테고리 '기타'를 쓸 수 있다.

⑥ 피라미드(Pyramid) | 정보의 관계를 구조화한다

도해 예

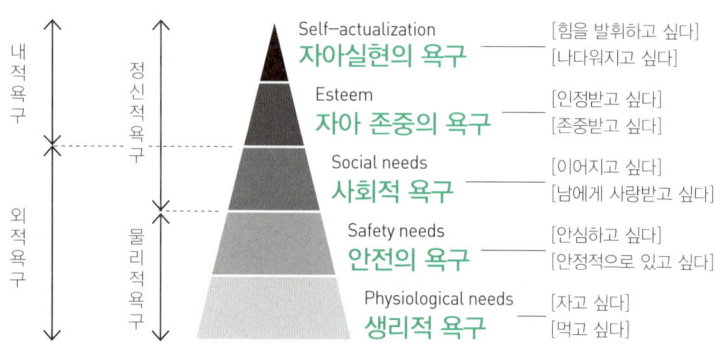

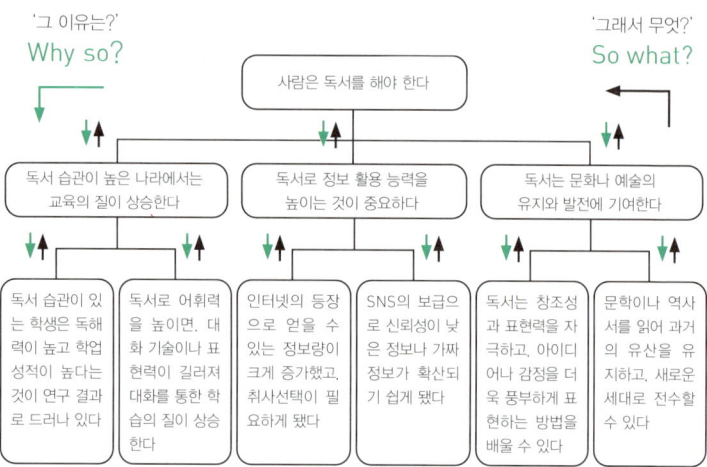

개요

피라미드는 요소 간의 '단계'나 '주장–근거'의 관계를 표현한 도해입니다. 삼각형을 모티브로 삼각형 내부를 구분해 단계를 표시함으로써 피라미드를 옆에서 본 것 같은 모양새를 취하고 있습니다. 여러 요소의 '단계'나 '주장–근거'의 구조를 표현할 때 쓰는 형태입니다.

사용할 때

몇 가지 단계적으로 질과 양이 변화하는 구조를 표현하고 싶을 때, 내가 전달하고 싶은 주장과 그 이유를 정리정돈하고 싶을 때, 시각적으로 상대방에게 전하고자 할 때 사용합니다.

특징 ① 표현 방법은 두 가지 패턴

피라미드의 표현 방법에는 크게 나눠 두 가지 도해 패턴이 있습니다.

첫 번째 패턴은 '단계'입니다. 피라미드의 아랫단부터 기본적인 단계, 윗단이 더욱 발전적인 단계를 가리킵니다. 대표적인 예로는 '매슬로우의 욕구 5단계 이론'과 '카스트 제도'가 유명하지요. 윗단으로 올라갈수록 도달하는 데 난이도가 높아지고, 사회적이나 경제적으로 풍요로워질 때가 많습니다.

두 번째 패턴은 '주장–근거'입니다. 피라미드의 아랫단이 한 단계 위의 단을 보충하는 근거나 원인(Why so?)이 되고, 윗단이 한 단계 아래의 단을 이끄는 주장이나 결과(So what?)가 되는 표현입니다. 대표적인 예로는 '피라미드 구조'가 있습니다. 윗단으로 올라갈수록 요소의 수와 양이 줄고, 추상도가 높아질 때가 많지요. 피라미드 구조의 외형은 트리와 같지만, 도해의 형태로서는 트리가 아니라 피라미드로 분류됩니다.

이는 트리는 요소의 '계층'이나 '분해' 등 전체–부분의 구조에 초점을 맞춘 프레임 워크지만, 피라미드 구조를 포함하는 피라미드는 '단계'나 '주장 및 근거' 등 쌓아올리는 구조에 초점을 맞춘 프레임 워크이기 때문입니다.

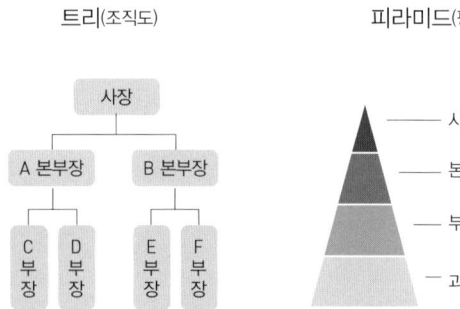

'조직도' 등에서의 직위는 조직 전체의 일부분을 드러내는 요소이므로 트리로 표현한다.

'평가 제도' 등에서의 직위는 쌓아올라가는 구조의 요소이므로 피라미드로 표현한다.

⑦ 코릴레이션(Correlation) | 정보의 관계를 순서화한다

도해 예

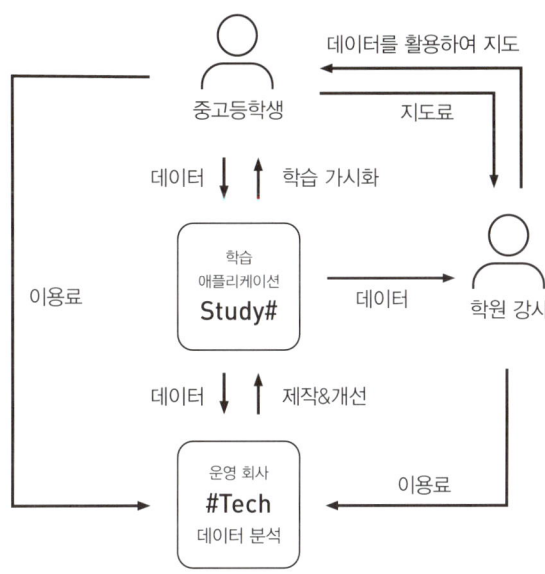

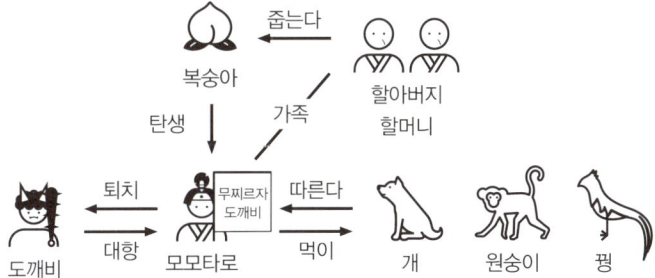

개요

코릴레이션은 '상관'이라는 뜻입니다. 코릴레이션이란 요소 간의 상호 관계를 그린 **도해**를 뜻합니다. 여러 요소의 '상관하는 관계' 구조를 표현할 때 쓰는 형태지요.

사용할 때

여러 요소의 관계성에 초점을 맞추고 그 전체상을 전하고자 할 때, 비즈니스 모델 등의 시스템을 기획하거나 분석할 때 씁니다.

특징 ① 흐름을 포착하기 쉽다

코릴레이션의 대표적인 예로는 비즈니스 모델의 **도해**나 인물 상관도가 있습니다. 예를 들어 열 명이 등장하는 연애 리얼리티 쇼에 나오는 연애 관계를 문장으로 전달하려고 하면 관계성의 전체상을 파악하기 쉽지 않겠지요.

문장 대신 코릴레이션으로 표현하면 누가 누구를 좋아하는지, 누가 누구와 연적인지, 삼각관계인지 등 관계성의 흐름이나 전체상을 알기 쉬워집니다.

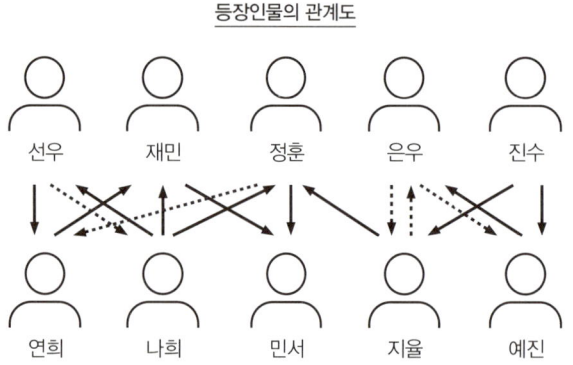

등장인물의 관계도

특징 ② 관계성을 화살표로 표현한다

코릴레이션에서는 요소 간의 상호 관계를 화살표로 표현합니다. 요소와 요소 사이에 기본적인 쌍방향의 화살표, 또는 한쪽으로만 향하는 화살표 두 가지를 쓸 수 있지요(복잡해지지 않도록 중요하지 않은 화살표는 그리지 않고 생략할 때도 많습니다).

그래서 요소의 수가 늘어날수록 도해 안에 그려지는 화살표 수도 늘어나 도해 전체가 복잡해지기 쉬운 특성이 있습니다. 깔끔하게 보이게 하려면 화살표가 너무 겹치기 않도록 요소를 배치할 수 있는지 검토해 보는 게 좋습니다.

⑧ 플로우(Flow) | 정보의 관계를 순서화한다

도해 예

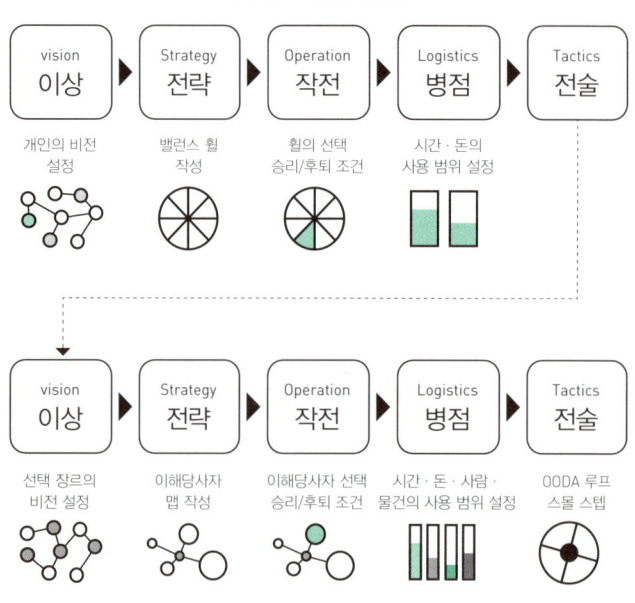

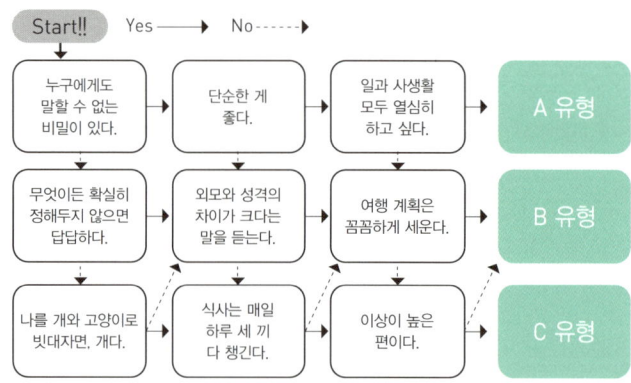

개요

플로우는 '흐름'이라는 뜻이다. 요소의 한 방향으로 나아가는 순서 관계를 그린 도해를 의미하며, 플로우 차트나 스텝도(圖)라고도 부릅니다. 여러 요소의 '순서'를 표현하고 싶을 때 쓰는 형태입니다.

사용할 때

상대방이 하길 바라는 행동이 여러 개 있고 그 행동의 순서가 정해져 있을 때, '누가 어떤 순서로 무엇을 하는지'가 중요하며 어느 수준의 복잡한 작업 매뉴얼 등을 작성할 때 쓰입니다.

특징 ① 관계성을 한 방향 화살표로 표현한다

'네' '아니오'의 화살표를 따라가는 유형 진단이나 서비스 페이지의 '이용의 흐름', 시스템 사양이나 처리의 흐름 등을 기재한 순서도 등이 플로우의 대표적인 도해 예라고 할 수 있습니다. 앞서 설명한 코릴레이션과는 달리, 요소 간의 순서 관계를 표현하는 플로우는 요소와 요소 사이에는 기본적으로 한 방향 화살표만 들어갑니다.

예외적으로 프로그램 설계 시에 사용하는 플로우 차트의 루프 처리 등에는 쌍방향 화살표가 들어갑니다. 그러나 이것도 코릴레이션처럼 '서로가 관계되어 있다'라는 상관의 의미를 가진 쌍방향 화살표가 아니라, 어디까지나 '한 방향으로 가는 시간의 흐름 속에서 처리가 반복된다'라는 뜻의 쌍방향 화살표일 뿐입니다.

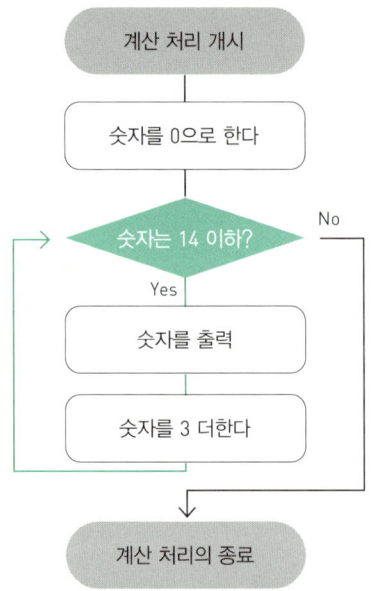

주의점 ① 흐름의 방향은 '위에서 아래로' '왼쪽에서 오른쪽으로'

플로우에서 각 요소를 배치하는 순서나 화살표의 화살깃 방향은 '위에서 아래로' '왼쪽에서 오른쪽으로'가 규칙입니다. 왜냐하면 제3장에서도 설명한 것처럼 주로 동아시아인의 멘털 모델은 문자를 읽는 방향이나 시간의 흐름이 '위에서 아래로' '왼쪽에서 오른쪽'으로 되어 있기 때문입니다. 눈이나 뇌의 자연스러운 처리 흐름에 따라야 함을 잊지 말고 의식하세요.

⑨ 사이클(Cycle) | 정보의 관계를 순서화한다

도해 예

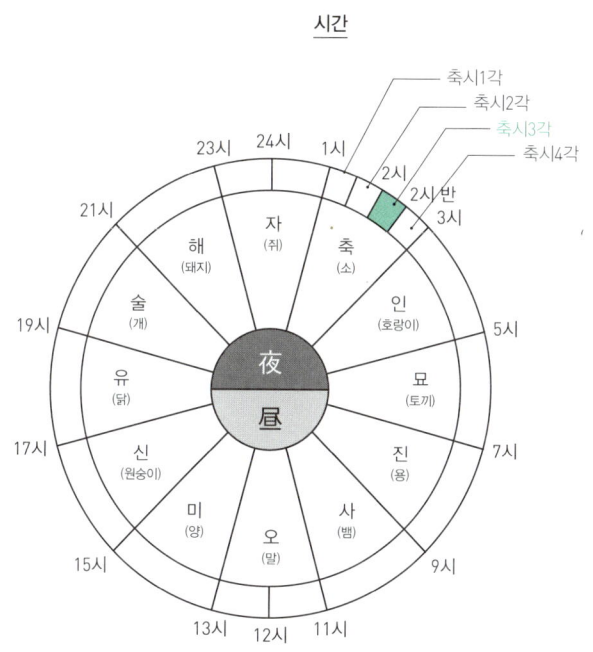

시간

OODA 루프

Observe 관찰
현재 상황이나 정보를 모아, 환경을 이해한다. 문제를 식별하고 데이터를 수집하는 단계

Orient 정세 판단
수집한 정보를 분석하고, 정황을 이해 및 정리한다. 방향성을 확립한다.

OODA

Act 행동
결정한 행동 계획에 기반하여 행동을 실시한다. 정황을 바꾸고 새로운 정보를 수집한다.

Decide 의사 결정
분석을 기반으로 하여 행동 계획을 세우고, 목표를 설정한다. 적절한 선택을 행한다.

개요

사이클은 '순환'이라는 뜻입니다. 여러 요소의 순서가 한 바퀴 돌아 원래 요소로 돌아가는 반복을 표현한 도해를 일컫습니다. 순환도라고도 부릅니다. 여러 요소의 '순환'을 표현하고 싶을 때 쓰는 형태지요.

사용할 때

매일의 습관 등, 어떤 여러 요소나 순서가 반복됨을 표현할 때, 선순환으로 들어가 지속되거나 또는 악순환에 빠지지 않고 벗어나기 위한 핵심 요소나 방법을 찾아 전달할 때도 씁니다.

특징 ① 순환에 초점을 맞춘다

사이클의 대표적인 예로는 업무 관리의 개선 프레임 워크인 'PDCA'[14] 등이 있습니다. 지금까지 살펴봤듯 코릴레이션이나 플로우 등의 다른 프레임 워크에서도 화살표가 쌍방향으로 들어가서 관계성이 순환되는 것처럼 보이는 것도 존재합니다. 그러나 사이클에서는 그 순환 자체에 도해의 초점이 맞춰져 있는 것이 다른 프레임 워크와의 차이입니다.

사이클에서는 순환, 지속적인 회전 등이 도해의 내용으로서 중요하지만, 코릴레이션이나 플로우에서는 순환하는 것 자체를 주요하게 전하려 하지 않습니다. 어디까지나 코릴레이션은 상관을, 플로우는 흐름을 표현하기 위해 채택된 프레임 워크입니다.

---

14 (역주) PDCA는 Plan(계획) – Do(실행) – Check(평가) – Act(조치)의 순서로 반복되는 모형이다.

주의점 ① 흐름의 방향은 '시계 방향' '왼쪽 혹은 위에서 시작'

사이클에도 플로우와 마찬가지로 각 요소를 배치하는 순서나 화살표의 살깃 방향에 법칙이 있습니다. 바로 '시계 방향'과 '왼쪽에서 혹은 위에서 시작'. 이 두 가지이지요. 이유는 플로우와 동일하며, 동아시아인의 멘털 모델에서는 시간의 흐름은 '시계 방향'이, 문자를 읽기 시작하는 위치는 '왼쪽 혹은 위에서'가 일반적이기 때문입니다.

명확한 이유나 의도가 없는 한, 멘털 모델에 따른 도해를 만드는 것이 좋습니다.

'도해 프레임 워크 9'는 모두 '매트릭스'로 변환할 수 있다

매트릭스에서도 설명한 것처럼 '도해 프레임 워크 9'는 모든 매트릭스로 변환할 수 있습니다.

예를 들어서 맵핑은 행에 세로축의 수치를, 열에 가로축의 수치를 넣고 요소를 대응하는 빈칸에 넣으면 표로 표현할 수 있습니다. 또한 오일러는 행에 요소를, 열에 하나씩 원이 무엇을 의미하는지를 넣고 빈칸에는 각 요소가 열에 해당하는 곳에 'O'를 넣으면 표와 같은 표현이 가능합니다.

※ 행과 열을 잡는 방법은 어디까지나 한 예시입니다. 같은 프레임 워크라도 무엇을 표현하고 싶은가에 따라 행과 열을 여러 가지 방법으로 정할 수 있습니다.

여러 가지 도해 표시법 : 같은 정보를 다른 형식으로 보이는 예[15]

	감칠맛 3	감칠맛 2	감칠맛 1	0	부드러운맛 1	부드러운맛 2	부드러운맛 3
산미 3						B	
산미 2							
산미 1			A				
0							
쓴맛 1			C				
쓴맛 2							
쓴맛 3							

	What your love	What the world needs	What you can be paid for	What you are good at
IKIGAI	O	O	O	O
MISSION	O	O		
VOCATION		O	O	
PROFESSION			O	O
PASSION	O			O

이처럼 매트릭스 이외의 다른 여덟 가지 프레임 워크는 정보를 더욱 인지적으로 이해하기 쉽게 하기 위해 도화 표현을 바꿨을 뿐인 매트릭스의 파생적 형태에 불과합니다.

---

15 Héctor García, Francesc Miralles, Ikigai : The Japanese Secret to a Long and Happy Life, Penguin, 2017을 기초로 재구성

'도해 프레임 워크 9' 이외 형태의 대표 사례

이 세상에 있는 도해의 90퍼센트는 '도해 프레임 워크 9' 또는 그것들을 조합하여 표현할 수 있습니다. 여기서는 남은 10퍼센트 중에서 두 가지 표현을 소개하겠습니다. 첫 번째는 '허니컴도(圖)'입니다.

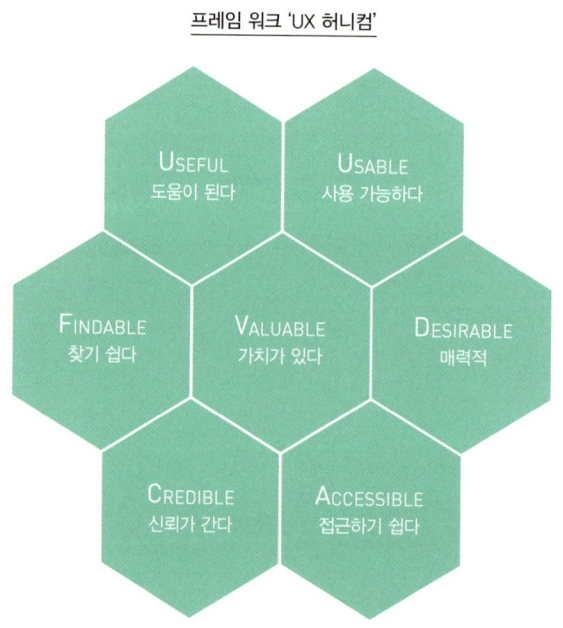

프레임 워크 'UX 허니컴'

허니컴(honeycomb)이란 벌집을 의미하며, 벌집에 정육각형이 빈틈없이 들어차 있는 것을 '허니컴 구조'라고 부릅니다. 허니컴도는 그 허니컴 구조의 외형을 따라 표현된 도를 가리킵니다.

허니컴도는 중심이 되는 요소 주변에 여섯 개의 요소가 인접하는 경우에 쓰는 것으로, 사용법이 매우 제한적인 구조라 할 수 있어요.

또 하나는 '먼셀 색 입체'라고 불리는 3차원의 도해입니다. 색상, 명도, 채도라는 세 가지 속성을 사용하여 모든 색을 하나의 입체 공간에 배치하고 정리한 것입니다. 그 외에도 '오스트발트 색 입체' 등 색 입체에는 여러 종류가 있어요.[16]

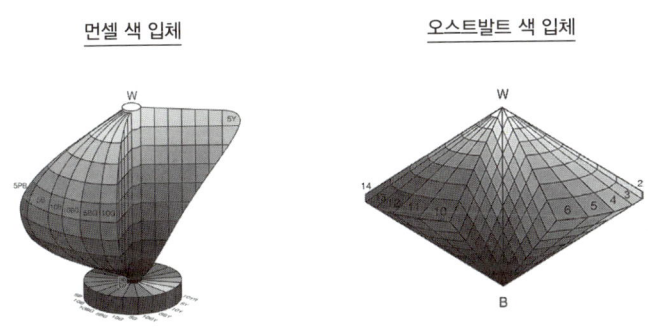

먼셀 색 입체 　　　　오스트발트 색 입체

지금까지 모두 2차원의 도해에 대해서 다루었지만, 도해에는 3차원도 존재합니다. 그렇지만 3차원의 도해를 보거나 사용할 기회는 매우 적고, 구조도 복잡해지기 쉬워서 사람이 직접 그리는 것도 어려우므로 이 책에서 소개한 도해 제작법 및 '도해 프레임 워크 9'에는 2차원의 도해만 소개했습니다.

매트릭스(=표)의 행과 열에 깊이를 추가하면 3차원으로 표현할 수도 있지만, 인지 부하가 높아질 수밖에 없습니다. 2차원으로 잘 담아내거나 2차원의 매트릭스를 두 개 그리는 것으로 표현할 수 있지 않을까 고려해 보는 게 좋을 것입니다.

16　자료 제공 : 무사시노 미술 대학 통신 교육 과정

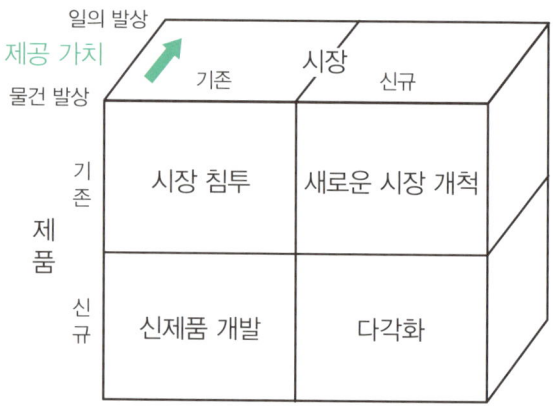

3차원으로 만든 아마존의 성장 벡터

한편, 3차원의 그래프나 먼셀 색 입체처럼 3차원이기에 아름답게 표현할 수 있는 정보도 많지는 않지만 존재합니다.

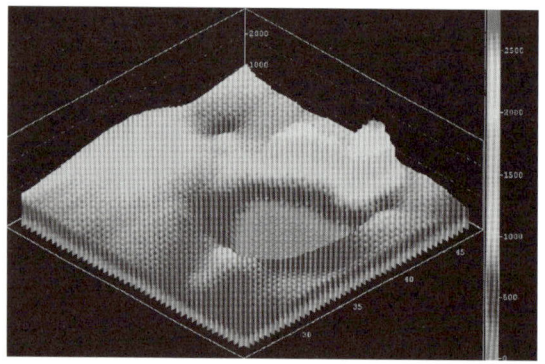

3차원 그래프의 예

마치면서 : 알기 쉬운 것의 가치와 폐해

알기 쉬운 것의 가치란 무엇일까요?

이 책에서는 알기 쉬운 것은 나누기 쉬운 것이며, 나누기 쉬운 것은 차이를 두기 쉬운 것이라고 설명했습니다. 즉, 알기 쉬운 것의 가치는 차이를 두기 쉬운 것이라는 점이 이 책에서의 결론이지요.

차이를 두기 쉬워지니까 바로 알 수 있습니다. 바로 알 수 있는 것은 뇌도 받아들이기 쉽습니다. 개운하고 편안하며 안심되는 감각도 생길지도 모릅니다. 시간 절약도 되고, 남들과 어울릴 때 이야기도 잘 통하며 죽이 척척 맞는 감각이나 상대방이 나를 받아들인다는 느낌도 받을 수 있겠지요.

'이걸 알다니 대단하네' '이런 것도 몰라?'라고 '아는 것은 좋은 것'이고 '모르는 것은 나쁜 것'이라는 전제가 세워진 환경이나 상황에 놓이게 되는 일은 적지 않습니다. 도해야말로 적은 수고를 들이면서도 '알기 쉬움'의 정도를 높일 수 있는 표현 도구입니다.

한편 알기 쉬운 것의 폐해에 대해서도 생각해 보면 좋겠습니다.

식칼이나 다이너마이트처럼 큰 가치를 제공하는 도구는 사용법에 따라 사람을 죽일 만한 흉기가 됩니다. 이 예가 너무 극단적이라면, 엘리베이터나 에스컬레이터를 생각해 보세요. 서 있기만 해도 이동할 수 있는 가치를 제공하는 도구이지만 보는 시각을 바꾸면 현대인들로부터 운동할 기회를 빼앗는 것과 같다고 할 수 있겠지요.

가치와 폐해는 표리일체입니다. 어떤 것에서 오는 편의나 가치를 얻을 때는 동시에 무엇을 잃는지, 무슨 손해를 보는지 등 잃게 될 가능성이 있다는 점도 생각해 두는 게 좋을 것입니다.

그럼 도해. 더 나아가 알기 쉬운 것의 폐해는 무엇일까요?

제가 가장 우려하는 점, 여러분께 전하고 싶은 것은 바로 '알기 쉬운 것에 익숙해지면 안 된다'입니다. 지금까지 언급했듯 알기 쉬운 것은 작성자가 직접 정리와 정돈이라는 가공을 거쳐 만든 결과물입니다. 기존의 정보에서 작성자의 주관으로 여러 가지가 제거되기도 하고 변형되기도 하고 요약된 것이지요. 작성자의 목적에 따라 정보가 도입되었기 때문에 목적이 바뀌면 무엇을 버려야 할지도 달라집니다.

극단적인 예를 들어보자면, 도해를 비롯해 알기 쉬운 정보만을 도입하는 것은 마치 농약이 잔뜩 묻은 먹이를 먹은 돼지의 고기를 더 가공하고 첨가물을 잔뜩 넣은 소시지만 먹는 것과 마찬가지입니다. 그건 만들어진 '맛'이며, 거기에 익숙해지면 미각이 둔화하여 본래의 맛을 알 수 없게 됩니다. 스스로 맛을 창출할 수 없게 되지요.

정보가 폭발적으로 넘치는 현대의 비즈니스 세계에서 '알기 쉬움'은 가치로서 곳곳에 제공되고 있습니다. 서적의 요약 서비스나 동영상의 배속 재생 기능이 그 대표적인 예이지요. 얻을 수 있는 정보가 폭발적으로 증가했기에 정보를 얻는 속도나 얻은 정보의 정밀도에 대한 요구가 드높아졌습니다.

그래서 요점만을 정리해서 짧은 시간 내에 정보를 흡수할 수 있는(그렇게 느껴지는) '요약'이나 콘텐츠를 빠르게 소비할 수 있는 '배속 재생'의 수요가 급증하여, 지금은 빠르고 정확하며 알기 쉬운 정보를 얻을 수 있는 것에 대한 가치가 여러 곳에서 거론되고 있지요.

이와 동시에 알기 어려운 것은 질 나쁜 것으로 취급되거나, 상대에 대한 배려가 없는 것으로 간주되는 일도 생기게 됐습니다. 하지만 정말 알기 어려운 게 나쁜 것일까요? 알기 쉬운 것만을 선택하면 알기 어려운 것에 대한 내성을 잃고, 사고력과 인간미까지 잃게 되지 않을까요?

동영상을 배속 재생하여 앞부분 몇 분으로 이해가 안 되면 시청을 그만둡니다. 자신이 이해하지 못한다고 '저 사람 이야기는 못 알아듣겠다'라고 단정 짓습니다. 상대방의 표정이나 자세, 침묵, 분위기는 무시하고 입에서 나온 말에만 반사적으로 반응합니다.

이렇게 알기 쉬운 것에 대한 찬양만 이루어지는 오늘날이야말로 알기 어려운 것에 대한 자세나 태도를 돌아봐야 할 때가 아닐까요?

본래 세상은 아주 복잡하고 알기 어려운 것입니다. 여러 가지 사건이 여러 확률이나 타이밍과의 조합으로 복잡하게 얽혀서, 시시각각 상황이 변화하는 게 바로 현실입니다.

인간의 뇌의 작용에 대해서도 아직 밝혀지지 않은 부분이 많습니다. 다른 사람이 무엇을 생각하는지조차 알 수 없고, 나 자신에 대해서도 알지 못하지요. 아는 것 같아도 금방 달라지곤 합니다. 물론 그런 세상이기에 아는 것과 알기 쉬운 것에 가치가 있는 것이지요.

하지만 그렇다고 해서 내가 모르는 것만, 내가 알기 쉬운 것만을 평가하고 골라 섭취하면 알기 어려운 것이나 모르는 것에 대한 내성은 사라지고, 이해하려는 노력을 그만두고 무조건 거절부터 하게 될지도 모릅니다. 알기 어려운 것이나 모르는 것의 가치나 재미를 잃게 되겠지요.

세상은 아주 복잡하고 이해하기 어렵습니다. 알기 어려우니까 재미있는 거예요. 다 아는 줄 알았는데 아직도 모르는 게 있어서 재미있습니다. 알기 어려운 것도 알기 쉽게 하는 과정이 있어서 재미있지요. 그것을 맛보려면 알기 쉬운 것을 수용하는 쪽이 아니라 만들어 나가는 쪽이 되어야 합니다.

도해는 바로 그런 것을 위한 하나의 도구입니다. 도해를 보기만 하는 게 아니라 스스로 시행착오를 거치면서 만듦으로써 복잡한 것을 간단하게 만드는 어려움이나 심오함을 체험할 수 있습니다. 직접 체험해서 도해를 만들어 봤을 때 만든 이가 어떤 목적과 의도를 가지고 이를 제작했는지 생각해 볼 수 있게 됩니다.

알기 쉬운 것에는 가치가 있습니다. 하지만 폐해도 존재하지요. 알기 쉬움이라는 무기를 잘 다루려면 알기 어려운 것에 직접 뛰어들어야 합니다. 단순함을 창출하려면 복잡함을 뛰어넘어야 해요. 그리고 복잡함을 뛰어넘는 힘은 복잡함에 꾸준히 마주하는 것으로만 얻을 수 있습니다.

우리 함께 알기 쉽게 전하는 기술을 익히면서 알기 어려운 것도 거부하지 않는, 양쪽 모두를 맛보는 세상을 즐겨봅시다. 도해가 바로 그 하나의 수단으로서, 그리고 이 책이 첫 계기가 된다면 매우 기쁘겠습니다.

부록 : 도해란 무엇인가?

이 책에서 소개했던 내용을 정리해 보았습니다. 총정리용으로 활용해 보세요.

도해의 정의

- 도해란 '누군가를 빠르고, 심도 있고, 정확하게 이해시키도록 그림, 도형, 그림을 이용해서 분해의 문법에 따라 만든 도'를 의미. '제작에 걸리는 시간에 비해 이해 효율이 좋은 표현 수법'이므로 다른 여러 표현 수단 중에서 선택되어 사용됩니다.

도와 도해의 차이

	도 Figures	도해 Diagram
목적 Why	있을 때도 있고, 없을 때도 있다	'이해시킨다(=풀어 제시한다)'라는 목적이 있다
요소 What	글자, 도형(Figure), 그림	글자, 도형(Figure), 그림
방법 How	특별히 없음	'분해(Dia)의 문법(gram)'을 따라 만든다

네 가지 표현 수단, 도해·그림·문자·음성의 비교

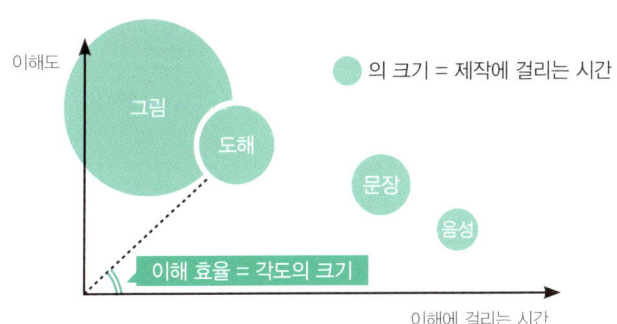

Why : 왜 만드는가?

도해는 이해하게끔(=알 수 있도록) 분해의 문법에 따라 만듭니다. 즉, 좋은 도해라는 것은 이해하기 쉬운 도해입니다. 알기 쉬운 도해라고도 합니다. 알기 쉽다는 것은 나누기 쉽다는 것이며, 나누기 쉬운 것은 차이를 두기 쉬운 것입니다. 따라서 차이를 두기 좋도록 대상의 정보를 적절히 분해할 필요가 있습니다.

What : 무엇을 사용해서 만드는가?

- 도해는 글자(문자나 기호), 도형(점, 선, 화살표, 다각형 등), 그림(아이콘, 일러스트, 사진 등)의 세 가지 요소를 조합하여 만듭니다.

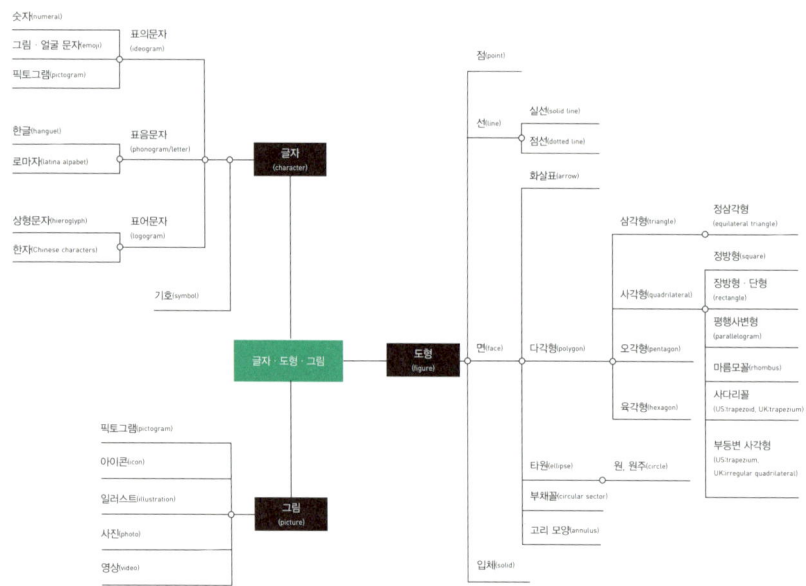

How : 어떻게 만드는가?

- 정보의 분해법에는 어떤 규칙(문법)이 있습니다.
- 도해 작성의 세 단계는 ① 정리, ② 정돈, ③ 도화입니다.

세 가지 단계에서 문장을 도해로 변환

문장 ➡ 조목별 쓰기 ➡ 표 ➡ 도해

Step. 1 정리　　Step. 2 정돈　　Step. 3 도화

- 정리, 정돈, 도화의 판단 기준은 다음 두 가지입니다.
① 눈을 따른다(폰트 사이즈, 콘트라스트, 색각 다양성 | 감각의 단계)
② 뇌를 따른다(콘트라스트, 게슈탈트, 착각, 시선 유도, 멘탈 모델 | 지각·인지의 단계)
- 도해의 90퍼센트는 '도해 프레임 워크 9'로 표현할 수 있습니다.
① 정보의 '비교'에 초점을 맞춘다
　… 매트릭스, 맵핑, 그래프
② 정보의 '구조'에 초점을 맞춘다
　… 오일러, 트리, 피라미드
③ 정보의 '순서'에 초점을 맞춘다
　… 코릴레이션, 플로우, 사이클

도해 프레임 워크 9

매트릭스
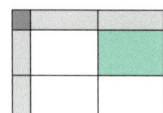

맵핑
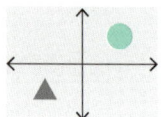

그래프
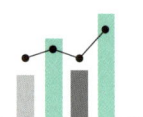

오일러
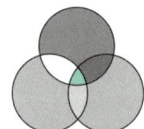

트리
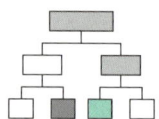

피라미드
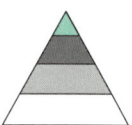

코릴레이션
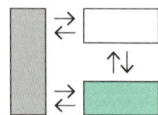

플로우
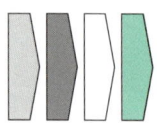

사이클
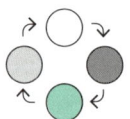

실무에서 바로 쓰는 도해 만들기

1판 1쇄 2025년 10월 31일

저 자 | 가토 다쿠미
역 자 | 김진아
발 행 인 | 김길수
발 행 처 | ㈜영진닷컴
주 소 | 서울특별시 금천구 디지털로9길 32
갑을그레이트밸리 B동 10층 (우)08512
등 록 | 2007. 4. 27. 제16-4189호

ⓒ 2025. ㈜영진닷컴

ISBN | 978-89-314-8104-4

이 책에 실린 내용의 무단 전재 및 무단 복제를 금합니다.
파본이나 잘못된 도서는 구입하신 곳에서 교환해 드립니다.

YoungJin.com Y.
영진닷컴